Frank Franke

Himmel ohne Grenzen

Frank Franke

Himmel ohne Grenzen

Segelflug – der schönste Traum
vom Fliegen

Vorwort von Ulf Merbold

Mit 96 Abbildungen

Herbig

Bildnachweis
Alle Abbildungen aus dem Archiv des Verfassers außer:
S. 98/99: H. Reichmann, S. 102/103: E. Supersberger

Mit Texten des dreifachen Weltmeisters im Segelfliegen
Helmut Reichmann, der 1993 bei einem tragischen
Flugzeugabsturz ums Leben kam.

Besuchen Sie uns im Internet unter
http://www.herbig.net

© 2001 by F. A. Herbig Verlagsbuchhandlung
GmbH, München
Alle Rechte vorbehalten
Umschlaggestaltung: Wolfgang Heinzel, München
Layout und Herstellung: Andrea Cobré
Gesetzt aus: 12/16' Evo
Lithographie: Findl+Partners, Icking
Druck und Binden: Printer Trento
Printed in Italy
ISBN 3-7766-2208-9

Inhalt

Vorwort
Ulf Merbold

Wie ein Vogel zu fliegen, davon haben Menschen zu allen Zeiten geträumt. Unsere Legenden und Sagen handeln von Gestalten, die sich Flügel bauen und anschnallen, von Hexen, die auf Besenstielen umherdüsen, vom Lügenbaron, der auf Kanonenkugeln reitet, von guten und bösen Geistern, die sich im Luftraum bewegen. »Wenn ich ein Vöglein wär' und auch zwei Flügel hätt' ...«, so oder so ähnlich klingt es in vielen unserer Lieder.

Inzwischen ist der Traum vom Fliegen zur Realität geworden, und es ist keine Frage, am meisten vollendet hat sich diese Sehnsucht, es den Vögeln gleichzutun, mit dem Segelflug. Wer sich motorlos, nur mit den Kräften der Natur spielend, in der Luft voranbewegt, fliegt wahrhaftig wie ein Vogel. Die Flugversuche der Pioniere liegen nicht lange zurück. Bedenkt man, dass die Dauer ihrer Hüpfer in Sekunden bemessen wurde, wird angesichts heutiger Flüge über Strecken von mehr als eintausend Kilometern ersichtlich, wie stürmisch die Entwicklung verlaufen ist. Für mich ist es bemerkenswert, dass erst die Gesetze der Aerodynamik erforscht, die Methoden der Strukturanalyse geschaffen und für die Luftfahrt geeignete Materialien entwickelt werden mussten, ehe der alte Menschheitstraum wahr werden konnte. Erst mit einer hoch entwickelten Technologie ist es uns gelungen, zu den Wolken aufzusteigen. Es ließe sich sagen: Der Segelflug verbindet auf verblüffende Weise rationales, analytisches Denken mit dem emotionalen Erleben der Landschaft, der Wolkenbilder, der Sonne und des Himmels. Seine Pole markieren die Spannweite des menschlichen Geistes.

Als ein Segelflieger, der sein Leben hindurch der Faszination des motorlosen Fluges erlegen ist, habe ich viele Regionen unseres Planeten fliegend erkundet. Ich habe keine andere gefunden, die mit der M-Ranch des großen Fliegerfreundes Barron Hilton verglichen werden könnte. Die Wüste des amerikanischen Westens, die schneebedeckten Berge der Sierra Nevada, die spiegelnden Wasser des Mono- und des Walker-Lakes, der gestirnte Nachthimmel über Nevada, die von Menschenhand geschaffene grüne Oase um die M-Ranch formen eine zauberhafte Welt, die einem jeden das Herz aufgehen lässt. Hinzu kommen die Menschen. Alle, die auf der Ranch leben und arbeiten, sind von größter Herzlichkeit und Liebenswürdigkeit und, so scheint es mir, mit dem Virus der Flugleidenschaft infiziert. Was das Wetter des amerikanischen Westens betrifft, so handelt es sich um El Dorado. Es ist das Wetter einer anderen Welt. Mit der meohanischen Präzision eines Uhrwerkes setzt die Thermik auf der M-Ranch am Vormittag ein. Sie pfeffert die Flugzeuge in die Höhe des Himmels, schneller als wären diese mit Hochleistungstriebwerken ausgerüstet. In der Regel dauert es weniger als eine halbe Stunde, bis der Pilot dort angekommen ist, wo er gut daran tut, an zusätzlichen Sauerstoff zu denken und seine Vorratsflasche zu öffnen. Normal ist es, für die kommenden Stunden des Tages mit der Maske über Mund und Nase oder mit dem Leben spendenden Schlauch in den Nasenlöchern zu fliegen.

Allen, die sich bisher ausschließlich am Himmel über Deutschland bewegt haben, sei gesagt, dass die aufschießenden Winde in den Flanken der White Mountains das Flugzeug oft genug wie ein wild gewordener Mustang seinen Reiter hin- und herwerfen. Es ist deshalb nicht nur ratsam, sondern unverzichtbar, sich zum Flug über Nevada gut anzuschnallen und allen Krempel im Cockpit sicher zu verstauen. Mag der Griff um den Steuerknüppel sich beim Einflug in die brüllende Thermik über der Wüste auch fester schließen, so kommt man in engen Kreisen kurbelnd umso schneller nach oben. Bei Dichtehöhen von sechstausend Metern und mehr wird es wichtig, den Fahrtmesser sorgfältig zu beobachten und seine Anzeigefehler zu berücksichtigen. Anderenfalls könnte die zulässige Höchstgeschwindigkeit des Flugzeuges schnell erreicht oder gar überschritten werden. Für die eigene Sicherheit ist es wichtig, sich beständig daran zu erinnern, dass ein Flug in Höhen, in denen bei uns Jets unterwegs sind, und bei Geschwindigkeiten

Ulf Merbold: Im Dezember 1983 nahm er als erstes nichtamerikanisches Mitglied an einer Spacelab-Mission teil, außerdem war er vom 3. Oktober bis 4. November 1994 als Wissenschaftskosmonaut an Bord der russischen Raumstation MIR.

oberhalb von 200 km/h in der Nähe der Belastungsgrenzen von Mensch und Maschine erfolgt. Beruhigend ist es zu wissen, dass die Gewinner des Barron Hilton Cup die besten, die erfahrendsten Segelflieger der Welt sind. Wenn es ihnen nicht gelingt, die Kräfte der Natur zu meistern und das traumhafte Wetter optimal zu nutzen, wer könnte es sonst leisten?

Es ist eine großartige Sache, dass Barron Hilton, Helmut Reichmann, Frank Franke und andere den Barron Hilton Cup gestiftet haben, und dass Barron Hilton jedes zweite Jahr die Gewinner des Wettbewerbes auf seine Ranch einlädt, um ihnen ein unvergessliches Flugerlebnis zu bereiten. Es bleibt zu hoffen, dass es den Barron Hilton Cup noch lange geben möge. Es ist derjenige Wettbewerb, der weltweit ausgetragen wird und an dem jeder ohne vorherige Qualifikation teilnehmen kann. Es ist ein gutes Zeichen, dass sich heute neben Barron Hilton die Weltfirma EADS an der Ausrichtung und Durchführung beteiligt. Im alten Europa gibt es auf dem Feld der Fliegerei wohl kein anderes Unternehmen mit vergleichbarer technologischer Kompetenz. Dass EADS nicht nur moderne Verkehrsflugzeuge baut, sondern mitwirkt, den Traum vom motorlosen Flug Realität werden zu lassen, ist bemerkenswert.

Im März 2001

Ulf Merbold

12

Lautlos mit dem Wind

Barron Hilton

Seit Jahrtausenden träumte der Mensch davon, in die Lüfte aufzusteigen und wie ein Adler zu fliegen, mit dem Wind mühelos dahinzugleiten. Erst gegen Ende des 19. Jahrhunderts sollte es ihm jedoch gelingen, eine Maschine zu konstruieren, mit der er schließlich fliegen konnte.

Trotz der schnellen Entwicklung des Flugzeugbaus im vergangenen Jahrhundert bleibt für mich das Schweben in großer Höhe die natürlichste Art des Fliegens. Aufgrund einer ausgewogenen Mischung aus ausgereiften Flugzeugkonstruktionen und instinktiver Geschicklichkeit des Piloten, ist der Mensch in der Lage, das Erlebnis des freien Fluges zu erfahren, das nur den Vögeln vorbehalten war. Unsichtbare Aufwinde werden genutzt, um Flughöhe zu gewinnen und mit großer Geschwindigkeit über hunderte von Kilometern im Sinkflug dahinzusegeln. Alles in einem Flugzeug ohne Motor, angetrieben durch das Können des Piloten.

Das Fliegen in großer Höhe als Wettkampf ist eine noch größere Herausforderung für den Segelflieger. Eine vorher festgelegte Flugroute zu befliegen erfordert ein hohes Maß an Planung, fliegerischem Können und Mut. Trotz außerordentlicher Luftwirbel und wunderbarem Gelände kann sich die Erde für den erfahrensten Piloten als erbarmungslos und hart erweisen.

Lautlos mit dem Wind

Bei den Männern und Frauen, die das Fliegen in großer Höhe lieben, handelt es sich um einen besonderen Menschenschlag. Sie behandeln ihr Segelflugzeug mit äußerster Sorgfalt und bemühen sich ständig, ihr Wissen und Können weiterzuentwickeln.
Aufgrund meiner besonderen Freundschaft mit Helmut Reichmann und Frank Franke, hatte ich die Möglichkeit, dutzende der besten Segelfliegerpiloten der Welt kennenzulernen – eine multinationale Fliegergruppe aus allen Lebensbereichen.

Obgleich in vieler Hinsicht so verschieden, empfinden wir Freundschaft, ein gemeinsames Interesse für unseren Sport und eine Verbundenheit bei unserem unablässigen Wunsch, wie ein Adler lautlos mit dem Wind emporzusteigen.

Im März 2001

Himmel ohne Grenzen

Der Himmel über Nevada ist tiefblau. Die Luft über der Runway der Flying-M-Ranch beginnt in der morgendlichen Hitze zu flimmern. Vor dem Hangar steht die Stearman von Barron Hilton und glänzt in der Sonne, als sei sie erst gestern aus der Fabrik gekommen. Vorsichtig streicht Manfred Bischoff über die Außenbespannung, als könne er die antiquarische Schönheit mit seiner Hand verletzen. Bewundernd wandert sein Blick über den schönen Doppeldecker aus dem Jahr 1931. Dann zieht er die Lederhaube über den Kopf und steigt vorsichtig über die Tragfläche auf den hinteren Sitz. Brummend beginnt sich der Propeller zu drehen. Dann rollt das Flugzeug über die Runway, hebt nach kurzer Rollstrecke ab und steigt in den Himmel über der Ranch. Das vorsichtige Annähern an einen der historischen Meilensteine der Luftfahrt lässt fast vergessen, dass sein Leben als Aufsichtsratvorsitzender der EADS jeden Tag von der Luftfahrt in all ihren Formen bestimmt wird.

Es wird ein Flug in die fast unendliche Weite des Himmels über Nevada. Unten die mondähnliche Landschaft – nur unterbrochen von sanft geschwungenen Hügeln. Das grüne Band des East Walker Rivers schlängelt sich durch die unwirkliche Szene in rot und braun. Nachdem das kleine Flugzeug wieder auf der Runway der Flying-M-Ranch aufgesetzt hat, spricht Manfred Bischoff über den Barron Hilton Cup, der ihn in die Wüste Nevadas geführt hat. Über die Zukunft des Wettbewerbs meint er: »Vor allem wollen wir wenig am Ablauf dieses außerordentlichen Luftfahrtereignisses ändern. Seit über 20 Jahren zeigt Barron Hilton hier seine Gastfreundschaft, über die sich Segelflieger aus der ganzen Welt freuen. Die Ranch ist das El Dorado für die besten Segelflieger der Welt. Das gilt vor allem für Piloten, die nicht die Möglichkeit und nicht die Zeit haben, an Landes- oder Weltmeisterschaften teilzunehmen, aber dennoch außerordentliche Leistungen mit ihren Flugzeugen vollbringen. Wir möchten, dass diese Piloten auch weiterhin die Möglichkeit bekommen, die einmaligen Flugbedingungen hier auf der Ranch kennenzulernen.«

Die Manager der EADS waren von dem persönlichen Einsatz, mit dem Barron Hilton diesen Segelflugwettbewerb fast 15 Jahre lang allein durchführte, begeistert. Besonders angetan waren die Männer, die die Geschicke der europäischen Luft- und Raumfahrtindustrie steuern, von dem bahnbrechenden Wertungssystem, das auch Piloten mit älteren Segelflugzeugen eine faire Chance gibt, gegen Wettbewerber mit High-Tech-Modellen anzutreten. In fünf geografischen Weltregionen können die Piloten mit den längsten Dreiecksflügen einen der exklusivsten Preise der Sportwelt, die Teilnahme am alle zwei Jahre stattfindenden Segelflugcamp auf der Flying-M-Ranch in der Wüste östlich der amerikanischen Sierra Nevada, gewinnen. Die extrem günstigen Witterungsverhältnisse mit ihren enormen thermischen Aufwinden bieten, inmitten der Gastfreundschaft Barron Hiltons, die besten Segelflugbedingungen der Welt.

Daimler-Benz wurde 1996 Partner des Barron Hilton Cup. Einer der ersten Schritte war die Einbeziehung des afrikanischen Kontinents in den Wettbewerb. Damit wurde einer der letzten weißen Flecken auf der Erde geschlossen. Der Barron Hilton Cup wurde endgültig ein weltweiter Wettbewerb und rangiert bei der Fédération Aéronautic Internationale neben den alle zwei Jahre stattfindenden Weltmeisterschaften auf dem Segelflugkalender als Klasse-1-Wettbewerb ganz oben. Den Ausschlag zur Zusammenarbeit mit der EADS gaben die Parallelen zwischen den technisch hochentwickelten Segelflugzeugen und den Entwicklungen des Technologiekonzerns. In der von der Aerodynamik bestimmten Schönheit der Segelflugzeuge liegen viele Antworten der Entwicklung heutiger Superflugzeuge. Viele neue Verbesserungen im Flugzeugbau, besonders bei der Verarbeitung von Kunststoffen und in der Aerodynamik stammen aus dem Segelflugzeug

und wurden von Segelflugpiloten und jungen Ingenieuren entwickelt. Die Partnerschaft der EADS mit dem Barron Hilton Cup wird zu weiteren Spitzenleistungen im Segelflug führen. »Außerdem«, so Manfred Bischoff, »verbindet der Barron Hilton Cup auf vorbildliche Weise Eigenschaften und Ziele, mit denen wir uns bei der EADS identifizieren können. Damit meine ich den Ehrgeiz, sich einem harten internationalen Wettbewerb erfolgreich zu stellen, durch persönliche Leistung die vermeintlichen Grenzen des Machbaren immer wieder ein Stück zu verschieben.« Barron Hilton, der inzwischen von den Segelflugzeug-Hangars herübergekommen ist, nickt zustimmend. Er betont die völkerverbindende Komponente des Sports. »Piloten aus der ganzen Welt treffen sich hier bei mir auf der Ranch. Und ich empfinde das nicht als Belastung – ganz im Gegenteil: Ich freue mich darüber. Besonders stolz«, so der Hotelmagnat, »bin ich auf die internationalen Freundschaften, die wir mit dem Barron Hilton Cup geschaffen haben und die wir auch weiterhin – zusammen mit der EADS – schaffen werden.«

Die Landung von Tom Enders, bei der European Aeronautic and Space Company verantwortlich für Verteidigungssysteme, und Christian Poppe, Communications Direktor der EADS, war für Freitag nachmittag 14 Uhr in San Francisco vorgesehen. Barron Hilton hatte beschlossen, seine Citation V in die Stadt an der Westküste zu schicken. Sein Chefpilot Art Goodwin war noch auf der Suche nach einem Co-Piloten für den eleganten Business-Jet. »Es macht sich einfach besser, mit zwei Piloten auf dem chronisch überlasteten International Airport von San Francisco zu landen«, meinte der frühere Airline-Pilot. Wenig später hatte er seinen Mann für den rechten Sitz gefunden: Ulf Merbold, Space-Shuttle- und MIR-erfahren, nahm den Platz an Arts rechter Seite ein. Die beiden zogen sogar die gleichen Hemden an – »wegen der Corporate Identity«, lachten sie.

Als der Jet um 12 Uhr mittags auf der Runway der Ranch beschleunigte, herrschten schon fast 40 Grad Celsius im Schatten. Dann breitete sich der Lake Tahoe, auch das Juwel der Sierra Nevada genannt, unter uns aus. Mit 520 Quadratkilometern ist dieser auf rund 2000 Metern Höhe gelegene See etwas kleiner als der Bodensee und gilt als der größte Bergsee Nordamerikas. Er liegt in einer kesselförmigen Senke mitten in der Sierra Nevada – an allen Seiten von den Höhenzügen des Gebirges umgeben. Schon im vergangenen Jahrhundert stand hier Mark Twain am Ufer und begeisterte sich über die unvergleichliche Transparenz des Wassers.

Himmel ohne Grenzen

Das Flugzeug ließ die Berge der High Sierras hinter sich und erreichte nach weniger als 40 Minuten die 50 Kilometer lange und 10 Kilometer breite Landzunge zwischen dem Pazifik und der San Francisco Bay, auf der die wohl schönste Stadt der Westküste liegt. Unter uns glitt die Golden Gate Brücke hindurch. Sie verbindet San Francisco mit den gegenüberliegenden Städten Auckland und Berkeley. Dann legte sich die Citation V in eine Rechtskurve und setzte auf der Runway des Flughafens auf.

Wir treffen Tom Enders und Christian Poppe, die wenige Minuten zuvor mit einem Linienflug aus München gekommen waren. Trotz der langen Reise zeigen sie keine Müdigkeit. Tom Enders, der begeisterter Fallschirmspringer ist, will noch am gleichen Tag nicht nur die Ranch, sondern auch ihre einzigartigen Flugbedingungen kennenlernen. Den Stress seines Jobs als Luftfahrtmanager hat er hinter sich gelassen. Fliegen gehört zu seinem täglichen Leben. Jetzt freut er sich darauf, die wahre Freiheit des Fliegens – losgelöst von den Fesseln der Erde – zu erleben.

Innerhalb von 100 Jahren hat sich die Fliegerei zu einem festen Bestandteil unseres mobilen Lebens entwickelt und hat doch nichts von ihrer Faszination verloren. Fliegen wird in die Planung des beruflichen Lebens sowie des Freizeitdaseins eingebunden, als wären die Menschen nie mit zerbrechlichen Kutschen, Eisenbahnen der Dampffrühzeit oder wackligen Segelschiffen gereist. Die Flugindustrie hat sich zu einem gewaltigen Wirtschaftsfaktor entwickelt; der Reisende plant das Durchmessen von Weltstrecken nicht mehr in Wochen oder Tagesreisen, sondern in Flugstunden. An den Schaltstellen der Wirtschaft sitzen kühl rechnende Strategen, denen nur wenig Zeit für romantisches Denken bleibt.

Wer mit dem Fliegen zu tun hat, wird die Besonderheit des Sich-dreidimensional-im-Raum-Bewegens nicht vergessen. Das trifft auch auf Rainer Hertrich zu, den Chief Executive Officer des Luft- und Raumfahrtriesen EADS. Der Mann, der beruflich drei Turn-Arounds geschafft hat und jetzt vor der größten Herausforderung seines beruflichen Lebens steht. Neben der enormen Verantwortung über eine Konzernzentrale mit 71 Standorten in sechs Ländern, einem Umsatz von 21 Milliarden Euro und 96 000 Mitarbeitern hat sich Rainer Hertrich seine Liebe zur Natur, aber auch zu den Opern längst vergangener Meister erhalten. In einem Moment begeistert er sich über den neuen Megaliner A380, das Superflugzeug für mehr als 500 Passagiere, im

Himmelsgefährten: Neben zahlreichen Flugzeugen besitzt Hotelmagnat Barron Hilton auch einen Hubschrauber und mehrere Heißluftballone.

nächsten steht er fasziniert am Rande eines Segelflugplatzes und sieht den grazilen, weißen Superlibellen bei ihrem eleganten Flug zu. Beim Wandern in den Bergen klettert Rainer Hertrich gerne steile Wände hoch – eine Art Training für jemanden, der schwierige Ziele erreichen möchte. Als eine solche Herausforderung empfindet er auch das Fliegen ohne Motor. »Segelfliegen ist für mich der ursprünglichste Einstieg in das Loslösen von den Fesseln der Erde. Eine Art Grundsatzprüfung, das Messen mit den Kräften der Natur.«

Es ist wohl kein Zufall, dass viele erfolgreiche Verkehrspiloten neben ihrer beruflichen Karriere auch Segelflieger sind. Trotz des Stress' fliegen viele Airline-Piloten auch zur Entspannung mit den eleganten, weißen Flugzeugen. Was das für ihr Verständnis der Fliegerei bedeuten kann, hat Charly Breuer, einer der besten Segelflieger Österreichs, Barron Hilton Cup-Gewinner und früher Flugkapitän bei Austrian Airlines wie folgt beschrieben. »Das Hobby Segelfliegen wirkt sich für die berufliche Qualifikation als Verkehrspilot sicher positiv aus, denn zwischen beiden Flugarten ergeben sich eine Reihe von Gemeinsamkeiten. Die meisten der heutigen jungen Piloten werden vorwiegend am Simulator »synthetisch« ausgebildet. Die zunehmende Rationalisierung führt inzwischen zu immer weniger praktischem Flugtraining. Während der Basis-Ausbildung erleben sie nie die »Erde oben und den Himmel unten«, nie dürfen sie einen Looping drehen, nie einen Stall erleben, bis das Flugzeug wirklich wegschmiert. Der Erfolg ist, dass für diese jungen Piloten bei etwas mehr als 30 Grad Schräglage bereits die Steilkurve beginnt und alles über 45 Grad Unbehagen bereitet.«

In Europa wird die Mehrzahl der jungen Verkehrspiloten meist auf Automatik-Fliegern, auf »computerized flying« gedrillt, was zu Lasten des visuellen Fliegens geht. Bei einem inzwischen immer seltener gewordenen Notfall aber ist der Ausweg letztlich nur das »basic flying«, und das meist noch unter erschwerten Umständen. Charly Breuer meint dazu: »Viele dieser Piloten können dieses Manko der Ausbildung durch persönlichen Einsatz, durch aufmerksames Beobachten und durch viel manuelles Fliegen bei Start und Landung wettmachen und entwickeln sich während ihres Co-Piloten-Daseins zu erstklassigen Piloten. Manch einer allerdings wird das Fehlen einer grundsoliden Basis-Ausbildung nie ganz kompensieren können.«

Es ist vorgekommen, dass Verkehrsflugzeuge wegen eines simplen Fehlers am Fahrtenmesser ins Meer stürzten, obwohl der zweite Fahrtenmesser voll funktionierte. Daran ist unschwer zu erkennen, dass es von Zeit zu Zeit doch essentielle Mängel im »basic flying« gibt, dass Zusammenhänge zwischen Fluggeschwindigkeit und Anstellwinkel einfach nicht erkannt wurden.

Segelfliegern wird sehr früh beigebracht, in erster Linie nach dem natürlichen Horizont zu fliegen. Stimmt die Lage zum Horizont, dann stimmt auch in etwa die Fluggeschwindigkeit. Dies alles soll nicht die Behauptung sein, dass segelfliegende Verkehrspiloten auch die besseren Airline-Piloten sind. Unzweifelhaft aber bedeutet jede in einer anderen Luftfahrtsparte gewonnene Erfahrung auch die Erweiterung des Horizonts des Verkehrspiloten.

Ein klassisches Beispiel für die gekonnte Anwendung segelfliegerischer Erfahrung lieferten die beiden Air Canada-Piloten, die mit einer brandneuen Boeing 767 von Montreal nach Edmonton fliegen sollten. Nach der firmeninternen Umstellung der Treibstoffsysteme vom angelsächsischen Pfund-Maß auf das metrische Kilogramm-System, waren statt 20 000 Kilogramm nur 20 000 Pfund getankt worden. Auf halbem Weg nach Edmonton ging die sogenannte »Fuel-Low-Level«-Warnung an. Die beiden Piloten planten eine Notlandung in Winnipeg. Auf dem Weg dorthin stellten beide Triebwerke mangels Treibstoff den Betrieb ein. Zum Glück hatte der Kapitän Segelflugerfahrung und damit einem »Nur-Motorflieger« einiges voraus. Er landete seinen Riesenvogel wie ein Segelflugzeug – ohne jede Hilfe der Triebwerke – mehr oder weniger wohlbehalten auf einem alten Militär-Flugplatz, auf dem gerade ein Autorennen stattfand. Niemand wurde verletzt. Den beiden Piloten war eine Meisterleistung gelungen.

Wir stehen wieder am Rande der Runway. Die Stille des Morgens, die aufgehende Sonne, der Geruch der Wüste und der Pflanzen werden zum morgendlichen Erlebnis. Über dem feuchten Gras liegt ein feiner weißer Schleier, vom nahegelegenen kleinen See steigt Dunst auf. Für diesen Tag ist eine frühe, starke Thermik-Entwicklung mit sehr guten Steigwerten vorhergesagt. Über den Bergen zeigen sich die ersten kleinen Wolken, die rasch weiter anwachsen. Auf dem Flugplatz wird es hektisch. Jeder will so schnell wie möglich in die Luft. Dann hebt der erste Schleppzug mit tiefem Brummen ab. Auf dem hinteren Platz des Doppelsitzers sitzt Manfred Bischoff – ganz entspannt auf dem Weg zu einer neuen Dimension der Freiheit.

Der Traum vom Fliegen

Ohne Flügel wäre es mir am liebsten. Wenn ich vom Fliegen träume, ist da kein Flugzeug. Ohne jedes Hilfsmittel, manchmal körperlos, schwebe ich durch den Raum, ganz sanft, ganz frei. Dann wiederum geht es in wilder Jagd an dunklen Wolken steil hinab. Schroffe Felsspitzen rasen nur knapp unter meinem Bauch hindurch, bevor ich mich in kraftvollem Schwung wieder nach oben wende. Die zerklüftete dunkle Erde fällt unter mir zurück. Steil steige ich immer höher, die Farben werden heller, zarte, durchsichtig-feine Wolken umgeben mich. Das Glück ist absolut.

Die reale Fliegerei kann solche Träume nicht unmittelbar wahr werden lassen. Zuviel an Technik, an Hilfsmitteln ist nötig. Wir sind weit davon entfernt, Wesen der Luft zu sein. Vielleicht werden wir es nie schaffen, mühelos wie der Bussard zu segeln, wild wie der Mauersegler zu jagen, flink und präzise wie die Libelle zu steuern, oder spielerisch wie die Mücken umeinanderzuwirbeln. Die Natur hat uns zu körperlich zwar geschickten, aber doch recht schwerfälligen und langsamen Wesen werden lassen, deren unmittelbarer Lebensraum doch eben nur die Oberfläche der Erde ist. Allein unser Denkvermögen gestattet uns, diese Fesseln zu lösen. Künstliche Flügel erreichen zwar bei weitem nicht die mechanische Perfektion natürlicher Flügel, sind aber perfekte Hilfsmittel, die uns überhaupt die Möglichkeit geben zu fliegen – obwohl wir von Natur aus viel zu schwer, zu kraftlos und zu plump sind.

Unsere Hilfsmittel, die Flugzeuge, mögen ihrem Sinn nach wirkliche Krücken sein. Je konsequenter sie aber den Erkenntnissen der Naturgesetze genügen, je ausgefeilter ihre aerodynamische Form ist, je besser sich Notwendigkeiten wie Piloten- und Passagiersitze, Motoren, Fahrwerke und sonstige vielleicht notwendige Einbauten in die Kontur einpassen, um so deutlicher empfinden wir ihre Form als harmonisch und schön. Ob die Naturgesetze hier nur zufällig plastische Formen herausbilden, die unserem ästhetischen Empfinden entsprechen, oder ob unser ästhetisches Empfinden diese Formen bevorzugt, weil wir selbst ein Stück Natur sind, kann wohl niemand entscheiden.

Segelflugzeuge müssen einen oder zwei Menschen tragen. Nur in bescheidenem Maße wird Gepäckraum benötigt. Zum Starten und Landen ist ein einziges Hauptrad erforderlich, welches man so auslegen kann, dass es im Fluge einziehbar ist. Es gibt weder Motor noch Luftschraube, weder Frachtraum noch Passagierkabine. Weil kein Antrieb vorhanden ist, muss alles vermieden werden, was unnötigen Energieverbrauch verursachen könnte. Bei keinem anderen Fahrzeug ist die aerodynamische Formgebung in einer solchen Konsequenz der fast einzige Entwurfsparameter.

Moderne Hochleistungsflugzeuge sind heute fast ausnahmslos aus Verbundwerkstoffen aufgebaut. In Kunstharz eingebettete Glas-, Aramit- beziehungsweise Karbonfasern führen zu einer Festigkeit, die mit Stahl nicht zu erreichen ist. Die Oberfläche kann in ihrer Form frei gestaltet werden und ist im allgemeinen von reinweißer Farbe, die nur durch das Cockpit und die notwendige Erkennungsmarkierung unterbrochen wird. Die Plexiglashaube fügt sich knickfrei in die Rumpfkontur.

Häufig sind selbst Oberflächensprünge von weniger als einem zehntel Millimeter, wie sie sich beim Aufbringen der Kennzeichen bilden, noch glatt verschliffen und poliert. Die Flügel sind lang, sehr schlank und bei manchen Flugzeugen so elastisch, dass sie sich unter hoher Belastung, wie sie sich in steilen Kurven oder beim Hochziehen ergibt, atemberaubend durchbiegen. In sanfter Ausrundung gehen die Flügel in die Kontur des Rumpfes über, welcher wiederum schlank nach hinten zum Leitwerk ausläuft. Um Wider-

24

stand zu sparen, wird das waagerechte Höhenleitwerk auf das Seitenleitwerk montiert. Ein solches T-Leitwerk hat zwei Übergangswinkel weniger als ein konventionelles Kreuzleitwerk.

Die Perfektion der Aerodynamik moderner Segelflugzeuge lässt Sportwagen oder auch Rennfahrzeuge in ihren Leistungswerten wie energiefressende Widerstandsklumpen erscheinen. Die Flugleistungen sind entsprechend beeindruckend. Aus nur einem Meter Höhe gleiten sie bereits über 50 Meter weit, das ergibt bei 2000 Meter Höhe einen Reichweitenradius von 100 Kilometern ohne jeden Aufwind. Der Pilot kann die Fluggeschwindigkeit zwischen 70 und fast 300 Stundenkilometern variieren. Fliegt er im Aufwind langsam, im Abwind schnell, so ergibt sich ein statistischer Vorteil: Er ist deutlich länger im günstigen Bereich, als in ungünstigen Gebieten der Luftmasse.

Künstliche Flügel erreichen zwar bei weitem nicht die mechanische Perfektion natürlicher Flügel, sind aber perfekte Hilfsmittel, die uns überhaupt die Möglichkeit geben zu fliegen.

So fing alles an

Das Telefon klingelt. Ein Journalist meldet sich, erzählt etwas vom Segelfliegen in den USA und fragt einigermaßen unvermittelt, ob ich mich mit Herrn Barron Hilton einmal unterhalten wolle. Mit wem? Hat der etwas mit der Hotelkette zu tun? Ja? Herr Hilton fliegt auch. So, ja, interessant. Und in Nevada gibt es eine Ranch mit Fluggelände. Schön! Ist Herr Hilton zufällig in Deutschland? Nein. Wie soll denn dann die Unterhaltung stattfinden? Ach ja, kein Problem also, Ticket nach Las Vegas? Gut. Man wird mich zusammen mit Dr. Ehrhard Baer, Segelflieger aus Frankfurt, in Las Vegas vom Flugplatz abholen. Alles etwas seltsam.

In Las Vegas dann die Nachricht, dass Barron Hilton überhaupt nicht mehr da ist. (Unser Flugzeug hat fast einen halben Tag Verspätung.) Er ist inzwischen nach Los Angeles geflogen und erwartet uns in seinem Haus in Beverly Hills. Nun ja, so aufwendig kann diese Zusatzstrecke nun auch wieder nicht sein. Aber es läuft anders, stilgerecht. Schließlich sind wir Gäste des berühmtesten Hotelbosses der Welt. Eine überlange, dunkelrote Limousine bringt uns zum Firmenjet, der mit laufenden Triebwerken auf uns wartet. In Los Angeles steht selbstverständlich wieder eine Limousine bereit. Schwarz diesmal. Nach 30 Minuten Fahrt sind wir am Privathaus Barron Hiltons angelangt.

Barron Hilton kommt freundlich auf uns zu, bereitet uns Drinks und erzählt, wie er zum Segelfliegen kam. Anlässlich eines Treffens von Testpiloten saß er, der selbst alle möglichen Motorflugzeuge gesteuert hat, neben Hanna Reitsch. Es gab eine sehr angeregte Unterhaltung, in deren Verlauf Barron Hilton von seiner Ranch in Nevada und seinem Flugplatz am East Walker River berichtete. Hanna Reitsch wurde hellhörig: Wie, in Nevada? Nördlich des Mono Lake? Ob Barron Hilton denn wisse, dass dies eine der besten Gegenden der Welt für den Segelflug sei? Segelfliegen sei ohnehin tausendmal schöner als jede andere Art zu fliegen, Testpilot hin oder her! Hanna konnte großartig in ihrer Begeisterung sein, und es ist kaum ein Wunder, dass Barron Hilton bald angesteckt war, sich Segelflugzeuge kaufte und auf seiner Ranch die reine, motorlose Fliegerei erlernte.

Barron – er hat uns sofort die Anrede per Vornamen vorgeschlagen, wie das unter Segelfliegern so üblich ist –, Hardy und ich überlegen nun gemeinsam, wie man die hervorragenden Segelflugmöglichkeiten auf der Ranch zu einem internationalen Treffen mit höchstem Niveau nutzen könnte, denn dies ist offensichtlich Barrons Anliegen. Wie wäre es mit einem Wettbewerb, international organisiert und einer Einladung an die Sieger? O.K., ausgezeichnet. »Would you please work out the details in Las Vegas?« Barron entschuldigt sich, er habe leider kaum Zeit, da sein Flugzeug bereits mit zahlreichen Persönlichkeiten aus Los Angeles auf ihn warte; er müsse zur Amtseinführung des amerikanischen Präsidenten nach Washington fliegen.

In nur knapp eineinhalb Stunden hat dieser Mann einen Segelflugwettbewerb ins Leben gerufen, der rasch weltweit bekannt werden und sich mit seiner ständig steigenden Teilnehmerzahl bald zum größten Segelflugwettbewerb der Welt entwickeln sollte. So schnell geht das.

Der Barron Hilton Cup

Segelflugwettbewerbe sind Luftrennen. Zu zentralen Meisterschaften wie Landeswettbewerben und Weltmeisterschaften treffen sich 60 bis 80 Piloten mit ihren Flugzeugen am Austragungsort. Solche Wettbewerbe dauern zwei Wochen. An jedem Tag, an dem das Wetter es erlaubt, legt die Wettbewerbsleitung eine Streckenflugaufgabe fest. Je nach den Bedingungen werden 200 bis 700 Kilometer Flugstrecke ausgeschrieben. Der Kurs führt meist über einen oder mehrere Wendepunkte zum Flugplatz zurück. Für den Piloten kommt es darauf an, diese Aufgabe in möglichst kurzer Zeit zu fliegen. Den Abflugzeitpunkt kann er dabei meist selbst wählen. Die Wendepunkte muss er zum Nachweis, dass er die vorgeschriebene Strecke wirklich geflogen ist, aus der Luft fotografieren.

Ähnlich wie beim Segeln auf dem Wasser, gibt es verschiedene Flugzeugklassen. Jeweils 30 bis 40 Piloten fliegen in einer Klasse in direkter Konkurrenz. Täglich werden entsprechend den Ergebnissen Punkte vergeben. Je schneller man fliegt, beziehungsweise falls die Aufgabe nicht erfüllt werden kann, je größer die Strecke bis zur Außenlandung ist, desto höher ist die erreichte Punktzahl. Sieger ist zu Ende des Wettbewerbs, nach üblicherweise sechs bis zwölf Wertungstagen, der Pilot mit der höchsten Gesamtpunktzahl. Solche Wettbewerbe bieten spannende – vom Boden aber leider kaum

Folgende Doppelseite:
Im Segelflugzeug über dem grünen Band der Flying-M-Ranch inmitten der ungastlichen Wüste Nevadas.

Der Barron Hilton Cup

Das Los entscheidet über die Wahl der Flugzeuge und die Startreihenfolge. Gleich mehrere Schleppflugzeuge sorgen dann für einen zügigen »lift«.

zu verfolgende – Luftrennen und sind sehr gut geeignet, die Pilotenleistung im Vergleich zu messen, denn sowohl die Aufgabe, die Flugroute als auch die Wetterbedingungen sind innerhalb der Konkurrenz gleich.

Andererseits sind zentrale Wettbewerbe recht aufwendig. Hochmoderne, sehr leistungsfähige Flugzeuge sind Voraussetzung für eine chancenreiche Teilnahme. Aus organisatorischen Gründen sowie wegen der Sicherheit im Fluge muss die Teilnehmerzahl begrenzt bleiben. Die Fähigkeit von Piloten, je nach Wetterlage ein Maximum an Flugstrecke zu erfliegen, bleibt bei solchen Wettbewerben durch die Festlegung der Aufgaben seitens der Wettbewerbsleitung leider unberücksichtigt.

Mit der Entscheidung Barron Hiltons, einen neuen Wettbewerb ins Leben zu rufen, ergab sich die Chance, ein Reglement zu erarbeiten, welches ein Gegengewicht zu den Regeln der zentralen Wettbewerbe bildet. Der Barron Hilton Cup (BHC) ist kein Wettbewerb in Konkurrenz zum Wettbewerbssystem, wie es im Code Sportif der Fédération Aéronautique Internationale (FAI) festgelegt ist, sondern eine Ergänzung. Seine Gewichtung liegt anders. Hier können bestimmte Nachteile des FAI-Systems, wie die Beschränkung der Teilnehmerzahl und der hohe finanzielle Aufwand der Teilnehmer vermieden werden. Dies ist aber nur möglich, indem wiederum Kompromisse bezüglich anderer Gesichtspunkte eingegangen werden. So findet der Pilotenvergleich nicht exakt, aber doch unter möglichst gleichen orografischen und meteorologischen Bedingungen statt.

Ideengrundlage für den BHC waren die in einigen Ländern neben dem System der FAI-Wettbewerbe durchgeführten dezentralen Wettbewerbe nach unabhängigen, landeseigenen Regeln. Hierauf basierend wurde ein Wettbewerb mit internationaler Teilnahmemöglichkeit entwickelt. Da gut zwei Drittel der Segelflieger der Welt in Europa leben, erschien es sinnvoll, den Schwerpunkt des Wettbewerbes auf diesen Kontinent zu legen. Auf diese Weise sollen unterschiedliche Segelflugbedingungen von Extremen freigehalten werden. In Australien, Amerika und Afrika können die Verhältnisse nämlich so viel besser sein, dass ein Leistungsvergleich mit Flügen in Europa von vornherein verzerrt wäre.

Um die Verbindung des Wettbewerbes mit Amerika zu beleben, wurde eine zusätzliche, vom europäischen Teil unabhängige Ausschreibung entwickelt, die wiederum auf die speziellen amerikanischen Verhältnisse abgestimmt werden musste. So wurde beispielsweise dafür gesorgt, dass Piloten aus dem Westen der USA, aus Mexiko oder aus Südamerika ähnliche Erfolgsaussichten haben, wie diejenigen, die im Gebiet der Appalachen im Osten des Landes oder in Kanada starten. Dies alles ist ein recht kompliziertes Unter-

33

Zwei Veteranen auf dem Gruppenfoto: Der 1929er Spritzenwagen und Barron Hiltons 1934er Stearman.

»Wer seinen Wagen liebt ...«: Der alte Spritzenwagen leistet noch heute gute Dienste beim Füllen der Balasttanks der Wettkampfflugzeuge.

fangen. Die Regeln für Europa und Amerika wurden in den vergangenen Jahren deshalb auch mehrfach weiterentwickelt und, wie wir hoffen, verbessert.

Die Grundidee des Barron Hilton Cup ist Ausgangspunkt für einige wesentliche Ziele, die in den Reglements für Amerika und Europa teilweise unterschiedlich eingearbeitet wurden:

- Jeder Pilot, unabhängig von der Nationalität, soll teilnahmeberechtigt sein.
- Alle Segelflugzeuge, auch solche älterer Bauart und schwächerer Leistung, sollen eine echte Siegchance haben.
- Innerhalb eines einigermaßen homogenen Wetterraumes (Europa beziehungsweise Amerika oder Australien) soll jedes Fluggelände, also auch der Heimatplatz des Piloten als Startplatz zulässig sein.
- Der Pilot selbst legt Form und Größe der Flugstrecke fest. Je weiter der Flug, desto höher die erreichte Punktzahl.
- Es kann innerhalb des fast zweijährigen Wettbewerbzeitraumes an jedem beliebigen Tag gestartet werden. Jeder Pilot kann dies tun, so oft er will. Innerhalb der Klassen zählt nur ein einziger, der beste Flug. Der Pilot wird damit angespornt, bei gegebenem Flugzeug die Wetterbedingungen maximal auszunutzen.
- Ein ganz außerordentlicher Anreiz soll das Interesse der Piloten an diesem Wettbewerb beflügeln, damit möglichst viele Piloten teilnehmen und die Streckenflugaktivität an den Flugplätzen wesentliche Impulse erhält. Dieser Anreiz ist die Einladung Barron Hiltons an die Sieger.

In Europa wird der Wettbewerb in fünf Klassen ausgetragen. Die Nationalität der Piloten spielt keine Rolle. Es können also auch Piloten aus anderen Kontinenten in Europa starten. Die fünf Wettbewerbsklassen unterscheiden sich nach technischen Kriterien. Die Clubklasse umfasst Segelflugzeuge meist älterer Bauart, deren Flugleistungen im allgemeinen unter dem Niveau der FAI-Standardklasse liegen. Flugzeuge der Standardklasse wiederum bilden die zweite BHC-Klasse. Entsprechend der Definition sind dies Einsitzer mit maximal 15 Meter Spannweite und festem Flügelprofil.

Flugzeuge der 15 Meter (-Renn-) Klasse, der dritten BHC-Klasse, dürfen über profilverändernde Wölbklappen verfügen. In der Doppelsitzerklasse werden zweisitzige Segelflugzeuge bis zu einem bestimmten Leistungsniveau zusammengefasst. Die sogenannte Offene Klasse unterliegt keinen technischen Beschränkungen. Hier fliegen die besten, größten und leider auch teu-

35

Im Briefing des Segelflugcamps muss alles besprochen werden, was für den Ablauf und die Sicherheit des Flugbetriebes wesentlich ist. Natürlich sind die Teilnehmer hervorragende Piloten, aber nicht jeder kennt die Besonderheiten der Fliegerei in der Wüste.

ersten Segelflugzeuge, unabhängig davon, ob es sich um Einsitzer oder Doppelsitzer handelt. Die Leistungsunterschiede, die es unter den Flugzeugen innerhalb der einzelnen Klassen gibt, werden wiederum durch Korrekturfaktoren bei der Berechnung der Flugleistung des Piloten ausgeglichen. Auf diese Weise hat man eigentlich mit jedem Flugzeug eine echte Gewinnchance.

Barron Hilton lädt die Sieger mit je einer Begleitperson zu einem zehntägigen Segelflugcamp auf seine Flying-M-Ranch ein. Dieses Segelflugcamp selbst ist kein Wettbewerb. Während beim BHC-Wettbewerb knallhart versucht wird, das Maximum dessen zu erfliegen, was Flugzeug und Wetterbedingungen möglich erscheinen lassen, treffen sich ein Jahr später die Sieger mit den amtierenden Segelflugweltmeistern zum Segelflugcamp in gemütlicher, fast familiärer Atmosphäre mit Barron Hilton und weiteren Gästen, die er auf die Ranch lädt. Hier stehen sehr gute Flugzeuge in ausreichender Zahl zur Verfügung. Es fehlt weder an Helfern, noch an Material für den doch recht aufwendigen Flugbetrieb. Segelfliegen ist aber nur eine der Möglichkeiten, die die Ranch bietet.

Man kann auch reiten, schwimmen, Tennis spielen, fischen, Tontauben schießen, Ballon fahren und vieles andere mehr. Sehr rasch bildet sich zu Beginn eines jeden Camps auf der Ranch eine freundschaftliche, internationale Atmosphäre, wie sie seit Beginn der Fliegerei für Piloten eigentlich selbstverständlich ist. Unabhängig von Nationalitäten und politischen Systemen entsteht eine Kameradschaft, die auch nach der Zeit des Camps weiterlebt.

Damit der von Barron Hilton angestrebte internationale Charakter des Camps nicht über Jahre hinweg das Erlebnis einiger herausragender BHC-Spezialisten bleibt, wurden zwei spezielle Klauseln für die Vergabe der Einladungen in die Regeln eingebaut. So kann jeder Pilot nur einmal über den BHC-Wettbewerb eine Einladung auf die Ranch erhalten. Gewinnt ein Pilot ein zweites Mal, so geht die Einladung an den Nächstplatzierten. Die zweite Klausel legt fest, dass maximal drei Einladungen eines BHC-Wettbewerbes an Piloten gleicher Nationalität gehen. Im Falle des Falles muss derjenige Pilot zurückstehen, dessen Sieg am knappsten war – zugunsten eines Piloten anderer Nationalität, der dann die heiß umkämpfte Einladung zum Segelflugcamp auf der Flying-M-Ranch erhält.

Einer der Höhepunkte des Segelflug-Camps auf der Flying-M-Ranch: Die Siegerehrung der weltbesten Piloten – ein einmaliger Augenblick für jeden der Piloten.

37

Barron Hilton

Barron Hilton

Wir treffen Barron Hilton 1979 in Las Vegas. Er stellt uns eine seiner riesigen Limousinen zur Verfügung. Langsam gleitet das große, rote Auto über den Strip. Durch die abgedunkelten Scheiben versuchen immer wieder Leute, einen Blick auf die Insassen zu erhaschen. 104 Grad Fahrenheit, das sind annähernd 40 Grad Celsius, lassen die Luft über der Stadt des 24-Stunden-Spiels flimmern. Wir sind auf dem Weg zum McCarran Airport. Dort wartet eine Hawker Siddeley mit laufenden Triebwerken, deren Farben und das große »H« am Rumpf auf den Präsidenten des Hotelkonzerns hinweisen: Barron Hilton, dessen Name weltweit bekannt ist. Jährlich ist er der Gastgeber von weit über 25 Millionen Menschen.

Die Limousine, einst Lieblingsfahrzeug von Elvis Presley, hält neben dem wartenden Flugzeug und wenige Minuten später liegt Las Vegas mit seinen grellen Neonlichtern, den Showrooms und Heiratskapellen, den einarmigen Banditen und den Menschen, die sie mit unbeweglichen Gesichtern bedienen, hinter uns. Wir überfliegen hunderte von Meilen einsames Land, kein Haus, keine Stadt, nur von Zeit zu Zeit eine Straße, wie mit einem Lineal in die Wüstenlandschaft gezogen. Unter uns Nevada – »The Last Frontier«. Hier muss sich der Mensch bis heute mit den Gewalten der Natur messen, hier wird er von der gnadenlosen Härte des Landes geformt.

Wir setzen zur Landung auf der Runway der Flying-M-Ranch an und sitzen wenige Minuten später im Wohnzimmer der Ranch. Aus dem Hotel-König im dunkelgrauen Anzug ist ein sportlicher Raucher geworden. Jeans, ein weißer, verbeulter Hut und Tennisschuhe zeigen dies auch nach außen. Jagen, Fischen, Fotografie und viele Sportarten, vor allem aber Segelfliegen, sind seine Hobbys. Der fliegende Hotelboss empfindet das schwerelose Gleiten als eine Art von Meditation. Er bewundert die Leistungsfähigkeit der deutschen Segelflugpiloten, ist aber auch von der Segelflugindustrie beeindruckt. Drei Segelfahrzeuge aus deutscher Produktion in seinem Besitz sind ein sichtbarer Beweis dafür.

Oben: Frank Franke und Ulf Merbold (r).

Unten: Eine Citation X auf der Runway der Flying-M-Ranch.

Als er wenig später in seiner ASW 20 sitzt und auf die Schleppmaschine wartet, hat er, nun ganz entspannt, beide Beine auf das Rumpfvorderteil gelegt. Dann startet er und zieht seine Kreise weit über den Berggipfeln im tiefblauen Himmel. Am nahegelegenen Hang schwebt ein großer Vogel, findet Thermik, steigt höher und gleitet zu Barron Hilton hinüber. Zusammen gewinnen sie immer mehr an Höhe.

Die Flying-M-Ranch umfasst ein Gebiet, das 25 Meilen südlich von Yerington, Nevada, beginnt und bis an die Ufer des Mono Lake in Kalifornien reicht. Das Gelände ist etwa so groß wie das Saarland im Südwesten Deutschlands.

Einige Stunden später steht Barron im Garten und zeigt eine sehr menschliche Seite. Er möchte die Namen seiner internationalen Gäste richtig aussprechen, fragt uns, wie es denn korrekt sei, und lernt sie auswendig. Jetzt ist er ganz Privatmann, hat das Hotelgeschäft, Renditedenken, die Spielkasinos weit hinter sich gelassen. Ein Hotel-Imperium, das nie zur Ruhe kommt, das vom berühmten Walldorf Astoria in New York, vom Strand von Waikiki Beach auf Hawaii bis zur Goldküste Australiens reicht.

Ein grünes Band in der Wüste

Die Flying-M-Ranch

Die beiden Motoren des Flugzeuges brummen in einem gleichmäßigen, sonoren, beruhigenden Ton. Die Landschaft unter uns ist in tiefes Rotbraun getaucht. Wir umfliegen riesige, hoch in den Himmel quellende Wolkengebilde, deren Ränder ins unendliche Blau des Himmels vorzustoßen scheinen. Ihre gewaltige Größe lässt unser Flugzeug winzig erscheinen.

Dann fliegen wir durch eine schmale Lücke, die sich zwischen zwei der Wolkentürme gebildet hat. Als die Wolken hinter uns liegen, wird der Blick auf ein grünes Band freigegeben, das sich durch die Mondlandschaft schlängelt. Der Walker River hat sich seinen Weg in die vertrocknete Steinwüste gegraben, ein Band des Lebens in der erstarrten Landschaft. Rechts taucht der Mount Grant auf, der mit seinen fast 12 000 Fuß Höhe die Landschaft überragt. In einem weiten, flachen Bogen ziehen sich seine Hänge bis zu den Ufern des Walker Lake, an seinem südlichen Ufer liegt Hawthorne, Nevada.

Unser Flugzeug zieht in einem weiten Bogen nach links, taucht in ein weites Tal ein und beginnt, der roten Erde entgegenzusinken. Dort, wo der Walker River sich in einem starken Bogen nach Osten schlängelt, liegt plötzlich das schmale Band der Runway der Flying-M-Ranch vor uns. Rechts davon stehen die weißen Gebäude der Ranch. Wir überfliegen die Häuser, machen einen weiten Bogen um das Flugplatzgebäude und setzen zur Landung an. Nun wissen die dort unten, dass wir da sind, denn eine Flugleitung, bei der man sich zur Landung anmelden könnte, gibt es hier nicht.

Unser Flugzeug rollt aus und kommt zum Stehen. Es nähern sich einige Fahrzeuge, die eine lange weiße Staubfahne hinter sich herziehen. Wir steigen um und fahren los. »Flying-M-Ranch – Owner: Barron Hilton« steht am Tor. Wir kommen durch eine lange Pappelallee, deren Kronen hoch am Himmel ein Dach über der staubigen Straße bilden. Sand wird hochgewirbelt, dringt durch die Ritzen und schlägt sich auf den Atem. Die Natur drückt ihre Kraft, ihre Gefahren und ihre Härte auch in intensiven Gerüchen aus. Dann biegt die Fahrzeugkolonne nach rechts ab und hält vor dem Green House, einem der ältesten Gebäude Nevadas. George Green, der 1853 auf der Suche

Barron Hiltons Hubschrauber, ein Hughes 500, ist als Transportmittel auf der Ranch kaum noch wegzudenken. Um beispielsweise das Startportal auf dem 3300 Meter hohen Mount Grant einzurichten, müssen kurzfristig eine große Menge Material und auch Menschen auf den Berg gebracht werden.

Linke Seite:
»Airport« Flying-M-Ranch: Eine zwei Kilometer lange Start- und Landebahn inmitten der Wüste als Stützpunkt für Segelflugzeuge, Heißluftballone und Motorflugzeuge aller Art – bis hin zu Barron Hiltons Privatjet.

nach Gold hier die ersten Steine für ein Haus aufeinandersetzte, hätte sich in seinen Träumen wohl nicht vorstellen können, dass dieses Haus einst der Grundstock für eine Ranch von gewaltigen Ausmaßen sein würde. Heute erstreckt sich die Flying-M-Ranch über 2200 Quadratkilometer.

Sie umfasst ein Gebiet, das 25 Meilen südlich von Yerington, Nevada, beginnt und bis an die Ufer des Mono Lake in Kalifornien reicht. Die Wassuk Mountains begrenzen die Ranch im Osten, die Masonic Mountains im Westen. Damit ist das Gelände etwa so groß wie das gesamte Saarland im Südwesten Deutschlands oder etwa der Staat Rhode Island an der Ostküste der USA. Der East Walker River führt das Wasser aus dem Yosemite National Park heran und lässt mitten in der trockenen Wüstenlandschaft ein grünes, fruchtbares Band entstehen. Rund 4000 Rinder finden Futter in der Wildnis und manchmal jagen auch wilde Pferde über den steppenartigen Boden. Fast 150 Jahre reicht die Geschichte der Ranch zurück, zahlreiche Menschen haben hier gewohnt, Gold gesucht, Vieh gezüchtet oder versucht, den kargen Boden mühevoll zu bepflanzen und hier zu ernten. Einige sind glücklich und reich geworden, andere haben weniger Erfolg gehabt. Einer der letzteren hat versucht, das Vieh der Erfolgreicheren zu stehlen. Dafür sollte er an einem Baum aufgehängt werden. George Green hatte Mitleid mit ihm und seiner Familie und gab ihm Geld, damit er das Land verlassen konnte.

46

Die, die das Land seit Jahrhunderten bewohnt hatten, Indianer vom Stamm der Paiutes, sind längst vom Wind der Zeit verweht worden. Ihr Kampf gegen den »No Goodee Cow Man«, der sein Vieh auf ihr Land trieb und ihnen damit die Lebensgrundlage raubte, hat ihnen Trauer, Krankheit und Tod gebracht. Und doch finden sich ihre Spuren, geheimnisvolle Indianerzeichnungen, bis heute ganz in der Nähe der Ranch, auf einem kleinen Berg, von dem aus sie das ganze Tal überblicken konnten. Bis heute kennt man die Bedeutung der Zeichnungen nur zum Teil. Zeugen einer vergangenen, hohen Kultur und Aussage, wie diese stolzen Menschen gelebt haben.

Dass der Weiße Mann meist sein Glück hier nicht fand, dass schneller Reichtum ebenso schnell wieder verging, menschliche Schicksale wie aufgewir-

Splash´n Dash ist die hohe Kunst des Ballonfahrens: Es gilt, nur mit der Bodenplatte des Ballonkorbes ins Wasser des East Walker Rivers zu tauchen.

Folgende Doppelseite:
Ein Flug über die unwirkliche, fast
mondähnliche Landschaft um die
Flying-M-Ranch: Außenlandungen
sind hier fast unmöglich – die Wüste
verzeiht keine Fehler.

belter Staub in der Wüste vom Wind verweht wurden, darauf weisen sieben Geisterstädte in der näheren Umgebung der Ranch hin. Darunter sind so berühmte Städte wie Bodie, Aurora und Masonie. Erinnerungen an den Wilden Westen sind allgegenwärtig. Die Ranch hatte nicht nur viele Namen, sondern auch zahlreiche Besitzer. Ende der fünfziger Jahre kauften fünf Millionäre die Ranch: unter anderem Don Douglas jr. von Douglas Aircraft, Bill Shay von der Walt Disney Company und Barron Hilton von der Hilton Hotels Corporation. 1968 zahlte Barron seine Partner aus und übernahm die Ranch alleine.

Neben den wilden Pferden gibt es Rotwild, Antilopen, Vögel, Kojoten und Hasen, die in großer Zahl auf den Hügeln um die Ranch herumstreifen. Auch die Begegnung mit einer Klapperschlange ist besonders in der Nähe des Flusses durchaus möglich.

47

»All«-gegenwärtig: Der amerikanische
Astronaut Eugene Cernan und sein
deutscher Kollege Ulf Merbold.

50

Von der Luft und vom Wetter

Je konkreter etwas ist, desto fester ist es – und umgekehrt. Das kann man auch ganz wörtlich und auf Dinge bezogen verstehen. Ein fester Körper, wie beispielsweise ein Stein, hat eine feste, konkrete Form. Diese lässt sich nur mit Gewalt verändern. Seine Stärke, aber auch seine Schwäche liegt darin, dass er so fest ist. Zwar können ihm nur sehr große Kräfte etwas anhaben, aber er ist andererseits auch derart festgelegt, dass er auf Einflüsse seiner Umgebung nicht reagieren kann, ohne seine Haupteigenschaft, seine Form, zu verlieren. Er ist starr, unflexibel, stur, despotisch. Wenn wir Menschen uns auf festem Boden bewegen, fühlen wir uns sicher. Nichts gibt nach, wir glauben, uns auf den Halt des Materials, das uns trägt, verlassen zu können. Die meiste Zeit unseres Lebens stehen, gehen oder fahren wir auf festem Grund. Von Natur aus sind wir für eine solche Lebensweise geschaffen. Unsere Denkweise bedingt unser Verständnis für feste Dinge. Sie erscheinen uns kalkulierbar, beruhigend und weitgehend frei von unberechenbaren Überraschungen.

Unser Einfühlungsvermögen ins flüssige Medium ist weit geringer. Während jeder gesunde Mensch ohne fremde Hilfe lernt, sich auf dem Boden zu bewegen, ist dies im Wasser durchaus keine naturgegebene Selbstverständlichkeit. Wie ängstlich und unsicher bewegt sich doch ein Mensch in

diesem Medium, solange er noch nicht von anderen Menschen an die besonderen Verhaltensweisen gewöhnt wurde, mit denen es ihm möglich ist, auch dann zu überleben, wenn er keinen festen Grund mehr unter den Füßen hat. Er strampelt ins Leere, findet keinen Halt, versinkt, ertrinkt. Flüssigkeiten geben nach. Sie stoßen nicht hart gegen Hindernisse, sondern umfließen sie. Sie weichen aus, sind geschmeidig. Doch auch Flüssigkeiten sind in ihrer Bewegung noch nicht ganz frei. Eine bestimmte Menge Wasser ist, in geringen Toleranzen, an ihr Volumen gebunden. Auch unter Druck kommt es kaum zu Veränderungen.

Für das Gasgemisch »Luft« scheint uns das angeborene Verständnis fast völlig zu fehlen. Wir können Luft nicht greifen. Wir fühlen ihre Masse nicht. Wenn wir uns in ihr natürlich, das heißt ohne Hilfsmittel bewegen, ist unsere Geschwindigkeit zu gering, als dass die Luft uns merklich bremsen könn-

Linke Seite:
Immer wieder lässt sich ein solcher
»Dust Devil«, ein Thermikschlauch,
ähnlich einem kleinen, begrenzten
Tornado beobachten.

Fliegende Untertassen? Lenticularis!
Diese Wolken entstehen oft an der
Vorderseite einer Gebirgsbarriere. Die
Luft gerät in Schwingung und es
bilden sich Wolkenformationen mit
glatten Rändern und linsenförmigem
Aussehen.

te. Wenn wir nicht ständig Luft atmen müssten, um zu überleben, könnten wir ihre Existenz zeitweilig ganz vergessen. Luft ist wie alle Gase in höchstem Maße mobil, leicht und überaus beweglich. Das gilt auch für den mikrokosmischen Bereich. Die Moleküle fliegen frei durch den Raum. Ihr Abstand ist nicht festgelegt, so wie er dies bei flüssigen Stoffen ist. Auf Druck reagiert Luft anders als Wasser. Luft setzt äußerem Druck zwar auch Widerstand entgegen, aber sie gibt nach, lässt sich kleiner machen. Sobald der Druck von außen nachlässt, dehnt sie sich wieder aus. Luft braucht bei hoher Belastung nicht zu zerspringen, wie der feste, scheinbar so sichere Stein. Ihre Stärke liegt gerade in ihrer Formlosigkeit. Sie ist in der Freiheit ihrer Form nicht nur geschmeidig wie das Wasser, sondern überdies fähig, auf Druck elastisch zu reagieren. Wirft man einen Menschen ins Wasser, so kann er sich nur dann retten, wenn er darauf vorbereitet wurde, also wenn er Schwimmen gelernt hat. Würde man einen Menschen in der freien Luft unvorbereitet aussetzen, so hätte er überhaupt keine Chance. Ohne jeglichen Halt fiele er, bis er auf dem unerbittlich harten, festen Boden zerschmettern würde. In der Luft kann man sich nicht festhalten, Luft scheint nicht greifbar zu sein. Wasser kann man spürbar zwischen den Fingern zerrinnen lassen, Luft spürt man nicht einmal auf diese Weise. Wer sich vom festen Boden aufs Wasser begibt, verlässt seine natürliche Umgebung. Wer in die Luft will, geht einen entscheidenden Schritt weiter. Die extremste Möglichkeit realisiert der Astronaut, der in der Leere des Raumes strebt. Er stößt am weitesten in eine Welt vor, die unserer natürlichen Umgebung fremd ist.

Aus astronomischer Sicht ist die Lufthülle der Erde eine besondere Erscheinung. Unsere Nachbarplaneten Mars und Venus haben zwar auch eine Gashülle, aber Leben ist hier nur schwer vorstellbar. Die Venus ist ständig von dichten Wolken umhüllt und viel zu heiß. Auf dem Mars weht eine unsäglich dünne Luft mit Windgeschwindigkeiten von mehreren hundert Stundenkilometern über eine trostlose Steinwüste. Über der Erde verursacht die Lufthülle einen Druck von mehr als einem Kilopond pro Quadratzentimeter. Wir spüren dies nicht, weil der Luftdruck von allen Seiten gleich stark wirkt. Ohne diesen Luftdruck würden wir regelrecht platzen, weil unsere Körperflüssigkeiten, vor allem das Blut, sofort kochen würden. Die Kraft flexibler, mobiler und elastischer Dinge wird meistens unterschätzt. Dies gilt im übrigen auch in übertragenem Sinne für menschliche Charakterzüge und Verhaltensweisen, im persönlichem Bereich ebenso wie im Beruf, in der Wirtschaft und nicht zuletzt auch in der Politik. Was die uns umgebende Luft angeht, so ahnen nur relativ wenige Menschen die Größenordnung dessen, was sich an Kraftentfaltung täglich über uns abspielt.

Vielleicht zunächst ein klein wenig Physik: Entgegen allgemeiner Auffassung erwärmt die Sonne die Luft so gut wie überhaupt nicht. Die Sonneneinstrahlung ist hierfür viel zu kurzwellig. Dies wiederum ist so, weil die Sonnenoberfläche mit ihren 5800 Grad Celsius recht heiß ist. Erst der Erdboden fängt die Strahlungsenergie auf und setzt sie unmittelbar an seiner Oberfläche in Wärme um. Wie jeder Körper, so strahlt auch die Erde ihrerseits Energie ab. Entsprechend der viel geringeren Temperatur ist diese Strahlung erheblich schwächer und so langwellig, dass wir sie nicht sehen können. Auf die Luft aber wirkt sie sich entscheidend aus. Vor allem feuchte Luft wird unmittelbar erwärmt. Wesentlich ist, dass die Luft hierbei von unten her

Rechte Seite:
Eine »Welle«: Das Relief der Sierra Nevada ist ideal für die Ausbildung von Wellenströmungen. Bei ausreichend starkem Westwind fällt die Luft auf der Ostflanke der Sierra mit großer Geschwindigkeit ins Tal. Sie gerät dadurch großräumig in Schwingung.

aufgeheizt wird und nicht etwa von oben, wie es der Fall wäre, wenn die Sonne die Luft direkt aufheizen könnte. Ähnlich dem Kochtopf auf der Herdplatte, wo die Aufheizung von unten das Wasser in Wallung bringt, steuert die Erwärmung der Erdoberfläche das Wettergeschehen in der Lufthülle. Kleinräumige Temperaturdifferenzen entstehen. Bei der Erwärmung dehnt sich die Luft aus, wird leicht und steigt als Thermik auf. Großräumig bilden sich Druckdifferenzen: die Hoch- und Tiefdruckgebiete mit ihren Windsystemen. Durch die Drehung der Erde werden die Winde so gesteuert, dass sie im Uhrzeigersinn um Hochdruckgebiete wehen, während sie Tiefdruckgebiete gegenläufig umströmen. Dies gilt für die Nordhalbkugel der Erde, auf der Südhalbkugel ist es umgekehrt.

Auch das kleinräumige Wettergeschehen hat beeindruckende Dimensionen. Wenn über einer Bodenfläche von ein mal einem Kilometer die Luft als Thermik aufsteigt und in vielleicht zwei Kilometern Höhe eine nochmals einen Kilometer dicke Quellwolke bildet, so ist das eigentlich eher ein kleiner thermischer Aufwind. Geht man davon aus, dass ein Kubikmeter Luft auf Mee-

So atemberaubend wie die Landschaft rund um die Ranch zeigt sich auch der Himmel.

Rechte Seite:
Die Dämmerung in der kargen Wüste kommt schnell und unvermittelt.

resniveau eine Masse von etwa einem Kilogramm besitzt, so lässt sich leicht ausrechnen, dass in unserem kleinen Aufwind eine Gesamtmasse von drei Milliarden Kilogramm, entsprechend drei Millionen Tonnen in Bewegung ist. Wen kann da noch wundern, dass Flugzeuge problemlos wie Federn mit nach oben getragen werden.

In Wüstengebieten, wie im Südwesten der USA, heizt die Sonne den kargen Wüstengrund im Sommer bis auf über 50 Grad Celsius auf. Die trockene Bodenluft wird dadurch außerordentlich heiß. Aufwinde, die hier entstehen, sind weit größer und kräftiger als im gemäßigten Klima und erreichen auch viel größere Höhen. Oft begrenzen erst in über 6000 Meter Höhe Kumuluswolken den Steigflug der Segelflugzeuge. Mit vier oder fünf Metern pro Sekunde, manchmal auch noch deutlich schneller, spült die Luft die Flugzeuge nach oben.

Zusätzlich zu diesen spektakulären Aufwinden gibt es im weiten Bereich um die Flying-M-Ranch häufig noch eine ganz andere Art von Aufwind. Die Gebirgskette der Sierra Nevada erstreckt sich sehr markant in Nord-Süd-Richtung. Auf der Ostseite fällt das Gebirge steil auf einen breiten Talboden ab. Noch weiter östlich gibt es dann weitere Gebirgsketten, die teilweise

mit über 3000 Metern wieder beachtliche Höhen erreichen. Ein solches Relief ist ideal für die Ausbildung von Wellenströmungen. Die Mechanik ist eigentlich sehr simpel: Bei ausreichend starkem Westwind fällt die Luft auf der Ostflanke der Sierra mit großer Geschwindigkeit ins Tal. Sie gerät dadurch großräumig in Schwingung. Wenn die Wellenlänge mit der Talbreite harmoniert, kann die Schwingung an der nächsten Bergkette einen erneuten Anstoß erhalten und wird dann entsprechend verstärkt. Solche Wellen können sich nach oben in sehr große Höhen, bis zur Tropopause, ja in seltenen Fällen auch noch in die Stratosphäre fortsetzen. Segelflieger nutzen Wellenaufwinde, indem sie mit ihrem Flugzeug in dem Bereich der Strömung fliegen, wo sich die Luft nach oben bewegt. Man fliegt mehr oder weniger gegen den Wind jedoch fast ortsfest in Bezug zum Erdboden und steigt in gleichmäßiger, laminarer Strömung höher und höher. Es ist sicher kein Zufall, dass Bob Harris seinen Höhenweltrekord bei solchen Wetterbedingungen und genau in diesem Gebiet erflogen hat.

Wolkenlandschaften formen den Himmel.

Die Wüste vergibt keine Fehler

Im ersten Briefing des Segelflugcamps auf der Flying-M-Ranch muss alles besprochen werden, was für den Ablauf und die Sicherheit des Flugbetriebes wesentlich ist. Und das ist eine ganze Menge. Natürlich sind die Sieger und die als Gäste geladenen Weltmeister hervorragende Piloten, denen niemand mehr zu erklären braucht, wie man ein Flugzeug richtig steuert. Wer wollte das schon bewerkstelligen? Es gibt keine besseren Piloten, sie selbst sind die besten. Aber nicht notwendigerweise kennt jeder die Besonderheiten der Fliegerei in der Wüste. Hannes Linke, der die amerikanische Seite des Barron Hilton Cup organisiert, kennt sich da bestens aus und gibt kurze, drastische Informationen über die »Do's« und »Don't's«.

Wer hier fliegt muss wissen, dass er – von den wenigen Orten und Straßen einmal abgesehen – über einer lebensfeindlichen Landschaft fliegt. Trockenheit und Hitze können so extrem sein, dass man ohne Wasser nicht einen einzigen Tag überlebt. Es gibt Beispiele, dass Menschen, die sich in Panik falsch verhielten, nicht einmal einige Stunden überlebt haben. Trinken, trinken, trinken empfiehlt Hannes, auch dann trinken, wenn kein besonderes Durstgefühl dazu anregt. An heißen Tagen ist ein Verbrauch von gut acht bis zehn Litern Flüssigkeit durchaus normal. Genügend Trinkwasser für die Zeit nach einer Außenlandung muss ebenso mitgenommen werden, wie das

Wasser für die Zeit während des Fluges. In großer Flughöhe vermindert sich das Problem des Wassermangels. Statt dessen kann die Kälte dann unangenehm werden, wenn auch nicht unbedingt gefährlich.

Und wie ist das mit dem Außenlanden? Das Allerwichtigste in einer solch einsamen Gegend ist klare Information. Regelmäßige Meldungen über Funk halten den Kontakt zur Bodenmannschaft. Mindestens einmal pro Stunde meldet der Pilot Flugzeugkennzeichen, Position, Höhe, allgemeine Lage und sein nächstes Ziel. Der Empfang muss von Flying-M-Ground bestätigt werden. Wenn dies, zum Beispiel wegen zu großer Entfernung, nicht direkt möglich ist, wird die Meldung über eines der anderen Segelflugzeuge abgesetzt. Auf der Flying-M-Ranch wird eine Liste geführt, in der alle derartigen Meldungen mit Uhrzeit notiert werden. Unabhängig von diesen regelmäßi-

Gestrandet in der Wüste: Wer hier fliegt, muss wissen, dass er sich – von den wenigen Orten und Straßen einmal abgesehen – über einer lebensfeindlichen Landschaft bewegt. Trockenheit und Hitze können so extrem sein, dass man ohne Wasser nicht einen einzigen Tag überlebt.

gen Informationen meldet sich jeder Pilot, wenn er glaubt, dass er in Schwierigkeiten geraten könnte. Er muss dies rechtzeitig tun, denn mit schwindender Flughöhe vermindert sich auch sehr rasch die Reichweite des Funkgerätes. Möglichst noch bevor er landet, gibt er – so genau wie irgend möglich – an, wo er landen will und lässt sich von Flying-M-Ground oder einem Relaisflugzeug durch Wiederholen zweifelsfrei bestätigen, dass seine Meldung verstanden wurde. Dieses Verfahren ist nicht nur wesentlich für die Sicherheit, dass der gelandete Pilot auch gefunden wird, es erspart ihm auch quälende Zweifel und mögliches Fehlverhalten nach der Landung, wenn er eventuell viele Stunden bei seinem Flugzeug auf Rückholer warten muss.

Es gibt in dieser Gegend zahlreiche sanft geschwungene, weite Ebenen, die aus großer Höhe recht glatt aussehen und fast zur Außenlandung einladen. Aus niedriger Höhe entpuppen sie sich dann jedoch meist als steinig. Felsbrocken liegen unregelmäßig verteilt herum, und dazwischen wachsen einzelne, außerordentlich harte, kleine Büsche. Auf solchem Grund kann man mit Glück vielleicht verletzungsfrei, aber nur selten bruchfrei außenlanden. Da selbst bebautes Ackerland, das es nur in wenigen Tälern gibt, meist wegen der Bewässerungsrohre, den Sprinklern und tiefen Gräben sehr problematisch ist, bleibt dem verantwortungsvoll fliegenden Piloten nur die Landung auf Flugplätzen – oder Orte, die er selbst oder ein anderer qualifizierter Segelflieger zuvor vom Boden aus überprüft hat.

Karl Herold ist da der lokale Spezialist. Wir übertragen aus seiner Karte die vielen farbigen Flecken, die mehr oder weniger gut landbare Stellen markieren. Zu jeder einzelnen gibt er Erklärungen und Anweisungen für einen eventuellen Landeanflug. Manchmal sind es Straßenabschnitte, an denen einmal keine Markierungsstöcke für die schneereiche Winterzeit stehen und die keine hohe Böschung links und rechts haben. Manchmal sind es Teilstücke von Staubstraßen – Vorsicht, da gibt es solche, die vielleicht nur einmal pro Monat von einem Rancher befahren werden – manchmal sind es aber auch Ränder von Salzseen, die geprüftermaßen fest genug sind, so dass das Flugzeug nicht versackt, oder aber Sandflächen und andere Gebiete, die für Segelflieger aus gemäßigten Breiten einigermaßen abenteuerlich anmuten. Hannes hat da noch eine interessante Variante. Er zeigt auf eine Stelle bei Dayton: »Hier ist ein wunderschönes Landefeld, aber es wäre besser, wenn ihr hier nicht landen würdet. Da gibt es einen etwas seltsamen Eigentümer,

63

der sich über Besuch von Segelflugzeugen auf seinem höchst eigenen Grund und Boden überhaupt nicht freut. Der kommt schimpfend mit rotem Kopf und schussbereitem Gewehr auf euch zu ...«

Nehmen wir einmal an, unser Segelflugzeug sei glatt gelandet, zur nächsten belebten Überlandstraße seien es aber noch einige Meilen. Was tun? Erste Regel: Unbedingt am Flugzeug bleiben. Es ist schon schwierig genug, ein gelandetes Flugzeug aus der Luft ausfindig zu machen, wenn man den genauen Landeort nicht exakt kennt. Einen einzelnen Menschen zu suchen, ist nahezu aussichtslos. Also besser körperliche Kräfte sparen, tagsüber im Schatten unter dem Tragflügel ruhen und möglichst wenig Aktivität entfalten. Man sollte geduldig warten und nur dann das Funkgerät einsetzen, wenn auch Aussicht auf Funkkontakt besteht. Batterieladung nicht nutzlos verbrauchen. Wasser in dem Maße trinken, wie es vom Körper benötigt wird. Zu sehr an Wasser sparen, kann unmerklich zu Symptomen führen, die das Denkvermögen und die Psyche beeinträchtigen. Es sind schon Leute verdurstet, obwohl noch Wasser da war. Nachts ist die Kälte das Problem. Nächtliche Temperaturen bis unter den Gefrierpunkt sind in der Wüste selbst in den Sommermonaten keine Seltenheit.

Jedes Segelflugzeug, das von der Flying-M-Ranch überland fliegt, hat ein »Survival Kit« an Bord. Diese Überlebensausrüstung enthält unter anderem eine Isolierfolie gegen die nächtliche Kälte. Wichtig ist auch die Taschenlampe. In der Dunkelheit kann sich ein gelandeter Pilot durch Blinkzeichen

Außenlandung am Ufer des Mono Lake: Das Problem mangelnden Trinkwassers wurde elegant gelöst. Die Bergung war schwierig und dauerte zwei Tage.

Zurück vom Rekordflug: Im späten Abendlicht wird der Wasserballast abgelassen.

erheblich besser bemerkbar machen als während des Tages. Doch auch bei Tag hat er eine solche Chance, vorausgesetzt, es scheint die Sonne. Er benutzt dann den Signalspiegel, mit dessen Hilfe man das Sonnenlicht gezielt auf das Suchflugzeug reflektieren kann. Dann ist da noch das »Snake Bite Kit«. Es gibt Schlangen in diesem Gebiet, unter anderem auch Klapperschlangen sowie die besonders giftige Sidewinder. Diese Tiere sind aber normalerweise nicht aggressiv. Wesentlich ist, dass wir uns so verhalten, dass die scheuen Tiere uns rechtzeitig bemerken und fliehen können. Man muss also beim Gehen genügend Geräusche machen, beispielsweise schlurfen, mit einem Stock rascheln oder auch pfeifen. Vorsicht besonders nachts. Schlangen lieben Wärme. Es wäre nicht das erste Mal, wenn sich eine Schlange neben oder in einen Schlafsack schleicht. Der sicherste Schlafplatz ist ohnehin das Cockpit. Hier dürfte man auch vor Skorpionen und Taranteln

sicher sein. Ihr Stich beziehungsweise Biss ist sehr schmerzhaft, aber zumindest für erwachsene und gesunde Menschen nicht lebensgefährlich. Auch für diese Tiere gilt, dass sie Menschen niemals angreifen, wenn sie sich nicht bedroht fühlen. Ansonsten gibt es noch Kojoten, Wüstenspringmäuse und anderes nachtaktives Getier.

Bei den Segelflugcamps auf der Flying-M-Ranch hat es schon etliche Außenlandungen auf freiem Feld gegeben. Das ist bei Streckenfliegern nichts Ungewöhnliches. Einige Piloten haben auch lange auf ihre Rückholer warten müssen. Auch das ist normal. Völlig unnormal und geradezu traumhaft ist jedoch die Art, wie Barron Hilton seine Gäste nach einer Außenlandung üblicherweise abholen lässt. Dem holländischen Segelflugweltmeister Kees Musters wäre es beinahe als erstem der Gäste gelungen, ein Dreieck über ein-

Ausgefallene Spielzeuge: Neben mehreren Segel- und Motorflugzeugen besitzt Barron Hilton auch diesen alten Stearman-Doppeldecker.

tausend Kilometer zu vollenden. Überentwicklungen und Schauer hatten ihn jedoch zu Umwegen gezwungen. Als er im letzten Streckenteil von Osten kommend versuchte, noch ausreichend hoch zu steigen, um den Gebirgsriegel des Mount Grant überfliegen zu können, war es bereits Abend und er konnte die nötige Höhe in der nachlassenden Thermik nicht mehr erreichen. In einem langen Gleitflug setzte er seine Höhe noch in Strecke um und landete auf einem Feld bei Schurz. Flying-M-Ground war über Funk informiert.

Da es schon anfing zu dämmern, stellte sich Kees auf eine lange, ungemütliche Nacht im Cockpit des Nimbus 3 ein. Aber beim »Soaring Camp« ist das anders: Der Helikopter startete und war zwanzig Minuten später bei dem Segelflugzeug. Kees stieg in den Hubschrauber und kam auf diese Weise zwar bei Dunkelheit, aber doch noch gerade rechtzeitig zum Rehbratenessen auf die Ranch. Und das Flugzeug? Nachts hätte das sowieso niemand gefunden. Während Kees am nächsten Morgen gegen halb neun nach einem Mexican Omelette noch mit einer ordentlichen Portion Erdbeeren beschäftigt war, zischte es über dem Ranchhaus. Der Nimbus 3 kam gerade zurück. Tom Stowers und seine Leute hatten ihn aus der Wüste mit dem Motorflugzeug zurückgeschleppt. Na, wenn das kein Service ist!

67

Die Boeing Stearman war eines der amerikanischen Standard-Schulflugzeuge in den 30er Jahren. Heute sind nur noch wenige dieser Oldtimer erhalten und flugfähig.

Ein Tag auf der Ranch
Ein Tag wie kein anderer

Vier Uhr morgens. Die Ranch liegt ruhig in der Stille der Wüste. Nur das monotone Surren der Klimaanlage durchdringt die frühe Stunde. Ich liege in tiefem Schlaf und träume von der unglaublichen Landschaft, die uns umgibt. Plötzlich wird die Tür zu meinem Zimmer aufgestoßen, ein Mann stürzt herein, läuft auf mein Bett zu, holt aus und schlägt mir auf die Brust. Ich fahre aus meinen tiefen, friedlichen Träumen hoch und bin zu Tode erschrocken. In der Dunkelheit erkenne ich Helmut. »Mensch, steh auf Frank, die Kojoten sind da!«, ruft er. »Wer ist da?«, murmele ich und höre ein unheimliches Heulen. Draußen auf der Ranch sind inzwischen alle Tiere wachgeworden. Die Pferde beginnen aufgeschreckt zu wiehern, die Hunde jaulen, die Vögel kreischen. Die angstvollen Schreie der Tiere werden vom durchdringenden Heulen der Kojoten übertönt.

Dann wird es plötzlich minutenlang ganz still, aber nur, um mit gesteigerter Lautstärke erneut zu beginnen. Noch bedrohlicher, noch unheimlicher. Neben dem markerschütternden Heulen der Kojoten und den angstvollen Schreien der Tiere auf der Ranch ist ein Geräusch zu hören, das wie ein lachendes Meckern klingt – gefolgt von einer neuen angstmachenden Ruhe. Offensichtlich haben die Kojoten ein Tier, vielleicht einen Hasen, bis zur Ranch verfolgt. Vor Jahren haben sie ein Reh bis auf die Wiese vor der Ranch gejagt und dann getötet. Wieder schwillt das Heulen an, wird immer lauter, lässt fast das Blut in den Adern gefrieren und verstummt. Dann bleibt es still. Der Spuk ist vorbei. Helmut und ich sind fasziniert. Wir haben das Heulen der Kojoten in den letzten Jahren immer wieder gehört. Es hat nichts von seiner Unheimlichkeit verloren. An diesem Morgen schlafen wir nicht mehr, sondern bereiten uns auf einen langen Tag vor.

Um sieben Uhr fünfzehn sieht unser Tagesablauf den Programmpunkt »Frühjogging« vor. Meist laufe ich alleine. Von den vielen Piloten, die mit uns auf der Flying-M-Ranch sind, zeigte sich nur Hans Werner Grosse, der erfolgreichste Rekordpilot aller Zeiten, als ein verlässlicher Laufpartner. Pünktlich ist er jeden Morgen da und läuft mit erstaunlicher Kondition vor mir her. Der Weg führt von der Ranch über eine staubige Straße nach Süden, vorbei an der Landepiste des Flughafens und durch die schöne Pappelallee zurück zu den Hauptgebäuden der Ranch. Dieser Morgenlauf ist für mich in den letzten Jahren zu einem wichtigen Bestandteil unseres Segelflugcamps geworden. Die Stille des Morgens, die aufgehende Sonne, der Geruch der Wüste und der Pflanzen sind ein großes Erlebnis. Nach der Rückkehr unter die Dusche und dann zum Frühstück. Aus der Küche strömt der Duft von frisch gebratenen Eiern und Zwiebeln. Eier mexikanisch, Eggs Benedict, Omelette mit Pilzen oder Schinken, eine frische Forelle aus dem East Walker River, was darf's sein?

Tom Enders in der Stearman.

Tom Enders und Ralph Cosby (r) an einer verlassenen Tankstelle in der Geisterstadt Bodie.

Inzwischen hat sich der Raum neben der Küche gefüllt. Dampfender Kaffee steht auf dem Tisch, Gespräche schwirren durch den Raum. Es geht natürlich wie immer um die großartigen fliegerischen Möglichkeiten über der Flying-M-Ranch: Bist du die Whites entlanggeflogen oder über die High Sierras? Auf der Höhe von Bishop hatte ich drei Kreise lang über acht Meter Steigen! So etwas habe ich noch nie erlebt! Kaffeetassen klappern, die Sonne scheint in langen Strahlen quer in den Raum, nichts scheint die Ruhe des frühen Morgens stören zu können, bis Hannes eintritt. Er hat die Wetterinformationen bei Doug Armstrong in Reno eingeholt. Wir sollten uns beeilen, meint er. Frühe starke Thermikentwicklung sei vorhergesagt, mit guten bis sehr guten Steigwerten. Wolkenbildung, beginnend über den Bergen, mit zunächst kleinen Quellwolken, die rasch anwachsen. Wolkenbasis gegen 11.30 Uhr in 3200 Metern, ansteigend auf 5800 Meter gegen 15.00 Uhr. Schwache Inversion in 6200 Metern Höhe, mit möglicher Gewitterbildung

William B. Anders (l) flog am 21. Dezember 1968 mit Frank Bormann und Jim Lovell in Apollo 8 zum Mond – an Heiligabend umkreisten sie den Mond.

71

Steve Fossett, ein amerikanischer Abenteuerer, der dreimal versuchte die Erde nonstop mit einem Ballon zu umrunden. Er hält zahlreiche Weltrekorde zu Wasser, zu Lande und in der Luft.

über hohem Relief. Am Nachmittag verbreitet Abschirmungen und stellenweise heftiger Regen. Wind im Tal zunächst schwach aus Süden, dann drehend auf Nordost. In Gewitternähe stark böig bis stürmisch. Vorsicht: Möglichkeit von Hagelschlag. Es ist keine Zeit zu verlieren. Nach einem kurzen

Cliff Robertson, Flug-Enthusiast, Hollywood-Star und Oscar-Preisträger. Er spielte unter anderem in »Zu spät für Helden«, und stellte John F. Kennedy im Film »PT 109« dar.

Christian Poppe, Senior Vice-President Corporate Communications der EADS.

Neben den Gewinnern der Länderwertungen werden auch die amtierenden Weltmeister auf die Ranch eingeladen: Giorgio Galletto, Segelflugweltmeister 1999.

Briefing fahren wir auf dem schnellsten Weg zum Flugplatz. Jeder fasst mit an. Wo sind die Survival Kits? Hast du einen Fallschirm? Kann jemand den Barografen rußen? Ist das Funkgerät geladen?

Worte schwirren durch die Luft. Dann zieht die Schleppmaschine das erste Flugzeug an. Der Platz leert sich. Ein Flugzeug nach dem anderen rollt an uns vorüber, hebt ab, taucht über der Hügelkette wieder auf, wird ausgeklinkt und beginnt, sich in die Höhe zu schrauben. Helmut hat an diesem besonderen Wettertag Pech. Er hatte als letzter ein Flugzeug wählen dürfen und dabei die Schweizer 2-32 zugeteilt bekommen. Er bietet Gästeflüge an und fliegt einen Start nach dem anderen. Barron sitzt am Funkgerät und koordiniert den Sprechverkehr. »Flying-M-Ranch-Ground, can you read?«, versucht er mit einem der Piloten Kontakt aufzunehmen. Der ist aber schon zu weit weg, vielleicht längst über den White Mountains und kann uns nicht mehr aufnehmen.

Einer kommt zurück, bei ihm hat es auf Anhieb nicht geklappt. Es dauert nicht lange, und schon ist er wieder in der Luft. Wir packen zusammen. Auch der Food-Truck, der gegen Mittag immer den Lunch zur Runway bringt, hat heute wenig Glück. Seine Sandwiches bleiben fast unberührt, unsere Piloten haben das Essen längst vergessen, sind überwältigt von den fliegerischen Möglichkeiten, lassen sich von der Begeisterung und der unglaublichen Thermik hochtragen. Endlich kehrt Ruhe auf der Flying-M-Ranch ein. Wir legen uns an den Pool.

Manchmal ist das feine Pfeifen eines unserer Segelflugzeuge zu hören, das versucht, Höhe zu gewinnen, oder keine Thermik gefunden hat und zurückkehrt, um so schnell wie möglich wieder in die Höhe geschleppt zu werden. Dann hört man in der Ferne das Aufheulen des Schleppflugzeugmotors, sieht zwischen den Bäumen den Schleppzug vorübergleiten. Die Wolken am Himmel sind größer geworden. Im Süden hat sich eine riesige weiße Wolke aufgebaut. Man kann sehen, wie sie immer weiter wächst. Dann kündigt ein fernes Grollen an, dass ein Gewitter auf uns zu zieht. Auch unsere Freunde, die irgendwo am Himmel ihre Kreise ziehen, haben die Entwicklung beobachtet und sich auf einen schnellen Heimweg gemacht.

Einer nach dem anderen landet und wir beginnen, so schnell wie möglich die Flugzeuge an ihre Abstellplätze zu schieben und festzuzurren. Das Grol-

73

Barron Hilton, Tom Enders und Ralph Cosby jun.: Corporate Design für die Besten der Besten – Siegerehrung beim Barron Hilton Cup.

len ist lauter geworden und aus dem gewaltigen Wolkenturm beginnt es zu regnen. Die der Erde entgegenfallenden Regentropfen wirken wie ein schwarzer Vorhang, der die Bühne nur bis zur halben Höhe bedeckt, da das Wasser durch die große Trockenheit schon auf der Hälfte seines Weges verdunstet. Über dem Platz liegt eine unwirkliche Ruhe. Dann beginnt sich auf dem kleinen See neben der Ranch das Wasser zu kräuseln und urplötzlich ist die Windwalze da. Sie treibt eine Staubwolke vor sich her, die in wenigen Augenblicken die Sicht auf ein Minimum beschränkt. Noch immer taucht die Sonne die gespenstische Szene in ein gleißendes Licht. Wir beobachten aus dem Schutz des Hauses, wie die Gewalt der Natur die Landschaft verändert hat. Die friedliche Ruhe hat sich in ein Tosen verwandelt, das nur vom Pfeifen des Sturmes übertönt wird.

So schnell alles gekommen ist, ist es auch wieder vorbei. Der Sturm hört auf, die Regentropfen verdunsten wieder auf halbem Weg zwischen Wolken und Boden, die Erde dampft. Ein grell leuchtender Regenbogen zieht sich über das Haus. Kurz bevor die Natur zeigte, wieviele Gesichter sie hat, wie sehr sie den Ablauf der Tage für uns hier bestimmt, sind Ingo Andersen und Edwin Sommer mit den ersten Regentropfen gelandet. Sie hatten mit ihrem

Janus C versucht, einen neuen Geschwindigkeitsweltrekord für ein 100-Kilometer-Dreieck aufzustellen. Jetzt, nach ihrer Landung wird fieberhaft gerechnet. Dann steht es fest: Sie haben Weltrekord geflogen.

Im Nu hat sich der neue Beweis dafür, welche Leistungen auf der Flying-M-Ranch möglich sind, herumgesprochen. Barron Hilton hat recht, wenn er die Gegend um die Ranch als Supergebiet für den Leistungssegelflug bezeichnet. Sektkorken knallen und die Rekordler werden mit der prickelnden Flüssigkeit begossen. Als die Gefeierten zum Haupthaus der Ranch zurückkehren, kleben die Haare in dicken Strähnen auf der Stirn. Alle freuen sich über den Erfolg der beiden. Später beim Abendessen setzt sich die frohe Stimmung fort. Alle reden über die tolle Leistung. Barron lächelt verschmitzt vor sich hin. »Die beiden müssen in den Pool, der Weltrekord muss »getauft« werden«, weiht er uns beim Essen in seine Pläne ein. »Aber wie bekommen wir die Rekordler in den Garten, ohne dass sie Verdacht schöpfen?«, werfen wir ein.

Die letzten Erdbeeren sind gerade verspeist, als Barron Hilton plötzlich aufsteht. Das Rot am Horizont ist hinter der letzten Hügelkette verschwunden, über dem Tal der Ranch hängt der riesige volle Mond – zum Anfassen nah. »Let's see the moon tonight«, schlägt der fliegende Hotelboss unvermittelt vor und geht zur Tür, die zum Garten führt. Alle stehen auf und folgen ihm. Erwin und Ingo haben keine Ahnung, was ihnen bevorsteht. Kaum sind sie jedoch im Garten, packen wir die beiden Rekordflieger, und Sekunden später liegen sie mit allen Kleidern im grünen Wasser des Swimmingpools. Da noch einige Landesrekorde der letzten Tage zu feiern sind, landen auch andere Segelflieger im Wasser. Zum Schluss fallen auch wir hinein – nicht wegen eines Rekordes, nur einfach so.

Die Stimmung schäumt über, der Pool ebenfalls. Auch Barron Hilton, John Denver und unsere Männer vom Mond liegen später im warmen Nass. »Let's see the moon tonight« – lasst uns heute Nacht den Mond anschauen ist inzwischen zum geflügelten Wort auf der Flying-M-Ranch geworden. Jeder weiß dann, was ihm bevorsteht.

Hannes Linke, Wettkampf-Direktor des Barron Hilton Cup und Manfred Bischoff, Co-Chairman der EADS (r).

»No Goodee Cow Men«

»No goodee cow-
men«

Al Thompson stand an einen der knorrigen alten, längst abgestorbe-
nen Bäume gelehnt und blinzelte in die heiße Wüstensonne. Er sah
den Indianer, der eines der Longhorns von der Herde trennte, erst,
als der versuchte, das Tier in die Büsche zu treiben. Al riss sein Gewehr
hoch und schoss ohne Vorwarnung. Der Indianer fiel tödlich getroffen zur
Erde. So etwa könnte sich die Szene abgespielt haben, die als die erste
gewalttätige Auseinandersetzung zwischen den Indianern und dem Weißen Mann in dieser Gegend gilt. Es dauerte nur wenige Tage, bis die Paiutes sich rächten. »Yank« Crossen, ein Mann aus Aurora, wurde gefangen-
genommen und getötet. Alles, was man später von ihm fand, war sein
Skalp.

Der Goldgräberboom, der überall neue Ansiedlungen und Städte aus dem
Boden schießen ließ, führte auch zu einer großen Nachfrage nach den täg-
lichen Dingen des Lebens. Die Kaufleute an der Westküste reagierten schnell
und schon im Frühjahr 1861 wurden die ersten Rinderherden über den Wal-
ker Pass durch das Owens Valley nach Aurora getrieben. Sie durchquerten
Indianerland, denn hier im Mono und im Owens Valley lebten verschiedene
Stämme der Paiutes, deren Nachbarn die Washo-Indianer im Norden und die
Panamint-Shoshonen im Süden waren.

»No goodee cowmen«

Bevor der Weiße Mann seine Herden in diese Gegend trieb, ernährten sich die Paiutes von gesammelten Nüssen, Beeren, Fliegenlarven und Wurzeln. Während die Frauen sich um die Landwirtschaft kümmerten, gingen die Männer auf die Jagd nach Antilopen, Rehen, dem Bighorn-Schaf oder Hasen. Aus dem klaren Wasser des East Walker River fischten sie Forellen. Dem trockenen Land trotzten sie Früchte ab, indem sie es mit Hilfe eigener Bewässerungssysteme feuchthielten. Der Bishop Creek spendete Wasser für eine der größten Bewässerungsanlagen. Sie war bei den Indianern unter dem Namen Pitana Patü bekannt. Das trockene Land konnte nur eine begrenzte Zahl von Menschen ernähren. Das Auftauchen der Weißen hatte deshalb katastrophale Folgen für die Indianer, die hier seit Jahrhunderten lebten.

Sehr bald flammten erbitterte Kämpfe zwischen den Eindringlingen und den Indianern auf, wobei diese feine Unterschiede zwischen den Goldgräbern und den Ranchern machten. Während sie die Menschen in ihren Minen weitgehend ungeschoren ließen, bekämpften sie die Herdenbesitzer und deren Cowboys mit allen Mitteln. Sie gaben ihnen den Namen »No Goodee Cow Men«. Die meisten Indianer hatten keine Feuerwaffen, da die Beschaffung von Pulver oder Blei für die Kugeln sehr schwierig war. Ohnehin verfügten ihre Pfeile über mehr Kraft und Zielgenauigkeit. Paiutes gingen nur dann

Stumme Zeugen längst vergangener Zeiten: Die Indianerzeichnungen in der Nähe der Ranch.

Die Ureinwohner des Ranch-Gebietes, Indianer vom Stamm der Paiutes, sind längst vom Wind der Zeit verweht worden. Ihr Kampf gegen den »No Goodee Cow Man« hat ihnen Trauer, Krankheit und Tod gebracht.

zum Angriff über, wenn sie eine Chance für einen Sieg sahen. Dabei waren einzelne Weiße oder kleinere Gruppen das bevorzugte Ziel. Es galt, den Feind zu töten, vor allem dann, wenn die Gefahr, selbst zu Schaden zu kommen, gering war. Paiutes glaubten nicht daran, dass es besonders ehrenvoll sei, im Kampf zu sterben. Sie kämpften, um ihre angestammten Rechte zu verteidigen. Die Weißen aber fanden sehr schnell heraus, dass das Zerstören der Vorratslager der erfolgreichste Weg war, sie zu bekämpfen.

Die Indianer versuchten nie, gezielt Gefangene zu machen. Dennoch war jeder Weiße, den sie gefangennahmen, ein willkommener Anlass zum Martern. Ironischerweise war ihr bekanntestes Opfer kein Weißer, sondern ein Schwarzer. Charley Tyler hieß der Bedauernswerte, der zunächst drei Tage gemartert und anschließend zu Tode geröstet wurde.

Ein anderes Beispiel für die Grausamkeit der Indianer und die Rache der Weißen war der Mord an Mary McGuire und ihrem kleinen Sohn. Am 31. Dezember 1864 erwachten Mary, ihr Sohn und zwei Männer, die im Haus anwe-
send waren, vom Lärm und einem Feuer, das auf dem Dach ihrer Hütte
loderte. Die beiden Männer traten vor die Tür, wurden jedoch von einem
Pfeilhagel empfangen. Die in dem brennenden Haus Eingeschlossenen versuchten vergeblich, das Feuer von innen zu löschen. Als es fast gelungen
war, warfen die Indianer erneut brennendes Holz auf das Dach. Die Hitze
wurde immer größer, und die beiden Männer beschlossen, die Flucht zu
wagen. Sie versuchten, Mary McGuire zu überreden, mit ihnen zu kommen.
»Es ist zu spät, niemand kann uns mehr retten«, antwortete die verzweifel-
te Frau. Daraufhin liefen die Männer allein aus der Hütte, die an der Straße
von Aurora nach Visalia stand. Die beiden rannten um ihr Leben und konnten sich retten. Nach Stunden erreichten sie völlig erschöpft Little Lake, das
etwa 18 Meilen südlich liegt.

*Der bekannte amerikanische Astro-
naut Eugene Cernan auf der Ranch.
Er war unter anderem an den Welt-
raummissionen Gemini 9, Apollo 10
und Apollo 17 beteiligt.*

In der Zwischenzeit hatten zwei Reiter, die auf dem Weg von Visalia nach Aurora waren, den Rauch, der von der McGuire-Hütte aufstieg, entdeckt und eilten zu der Stelle. Sie fanden Mary McGuire, von 14 Pfeilen tödlich getroffen. Neben ihr lag der fünf Jahre alte Sohn, den sechs Pfeile getötet hatten. Seine Vorderzähne fehlten. Auf diese Weise glaubten die Indianer verhindern zu können, dass er eines Tages als wildes Tier wiederkehrt. Das Kind hielt einen Stein fest in der Hand und hatte wohl bis zum letzten Moment mutig gekämpft. Der Mord löste bei den Weißen großes Entsetzen aus. Die McGuires hatten sich immer für die Indianer eingesetzt und sie häufig mit Lebensmitteln versorgt. Man rüstete eine militärische Strafexpedition aus, die die Spur der Indianer bis zum Ostufer des Owens Lake verfolgte. Der Angriff erfolgte für die Indianer völlig überraschend. Er kostete 35 Paiutes, darunter Frauen und Kinder, das Leben. Nur zwei kleine Mädchen und ein Junge überlebten das Massaker. John McGuire, der unglückliche Vater, tötete zwei Indianer.

Das Blatt wendete sich dramatisch gegen die Indianer, als Captain Moses A. McLaughlin, ein ebenso fähiger wie aggressiver Kommandeur, mit der festen Absicht, die Bedrohung durch die Indianer zu beseitigen, in der Gegend auftauchte. Innerhalb weniger Monate hatte er sein Ziel erreicht, die Übergriffe der Indianer beschränkten sich auf wenige Vorfälle, der Krieg war vorüber. Die Hauptverantwortung für den Konflikt lag jedoch bei den Weißen. Sie besiedelten ein aus ihrer Sicht leeres Land. Die Paiutes besaßen keine Farmen, keine Minen, keine Straßen, keine Brücken und keine Industrie. Sie wohnten nicht in festen Siedlungen und man sah sie nur zufällig. Die Weißen begriffen nicht, dass die Indianer alles, was sie zum Leben brauchten, auf ihre Weise dem Land entzogen. Sie verstanden auch nicht, dass ihr Vieh, das das karge Gras abfraß, dem Wild und damit den Indianern die Nahrungsgrundlage nahm. Die Indianer wurden dadurch gezwungen, entweder das Land zu verlassen oder gegen die weißen Eindringlinge zu kämpfen. Die meisten Indianer entschlossen sich zum Kampf.

Bodie

Vom Lachen der Kinder zwischen den Häusern, dem Stimmengewirr auf den Straßen, den Schüssen in den Saloons, dem Stampfen der Mühlen und dem Klirren der Goldsucherpickel ist nichts geblieben. Der Wind rüttelt an den Gebäuden, die die Blüte dieser einst so lebendigen Stadt überdauert haben. Auf dem Friedhof über der Stadt wiegen sich Blumen im Wind, der an den schiefen Holzbalken der Gräber zerrt. Der Blick geht hinunter in die Stadt, zwischen deren Häusern Menschen auftauchen und wieder verschwinden. Die Besucher erwecken den Eindruck, als wären sie jene, die einmal hier lebten und längst vergangen sind. Als wären die zurückgekommen, die lange vergessen schienen. Im Turm der kleinen Kirche wiegt sich die Glocke im Luftzug, schlägt leise an und verstummt wieder.

An der Grenze von Kalifornien und Nevada, in fast 3000 Metern Höhe, liegt Bodie, oder besser gesagt, die Reste einer der verrufensten Western-Städte, deren Boom zwischen 1877 und 1881 nur vier Jahre andauerte, deren Mythos und Legenden aber mehr als 100 Jahre überdauert haben. 1879 hatte Bodie mehr als 10 000 Einwohner, 10 000 Weiße, denn Indianer, Chinesen, Schwarze und andere Rassen wurden damals nicht mitgezählt, durften noch nicht einmal auf dem Friedhof der Weißen beerdigt werden. Bodie war berüchtigt wegen seiner Schießereien in den Saloons und auf den Straßen, gefürchtet wegen der Krankheiten, aber auch des schlimmen Klimas wegen. Der Ausruf: »Good bye God, I'm going to Bodie«, wurde weit über die Grenzen bekannt. Der Satz, den ein kleines Mädchen in ihr Buch geschrieben hat, drückt die Verzweiflung und die Ängste aus, die die Menschen erfasste, deren Ziel die Stadt auf dem Berg über dem Mono Lake war.

Mord und Totschlag waren hier an der Tagesordnung. Wenn wieder einmal eines der Opfer von Krankheit oder Verbrechen beerdigt wurde – und das war mindestens einmal pro Tag der Fall – ertönte die Feuerglocke. Es war Brauch in Bodie, die Glocke so oft läuten zu lassen, wie der- oder diejenige an Jahren gezählt hatte. So läutete die Glocke oft den ganzen Tag. Die Schießereien in den Straßen, die Raubüberfälle, die Prügeleien in den Saloons waren nicht mehr als Abwechslung im öden Tagesablauf. Auf diese Weise suchte man nach einem harten Arbeitstag in den Gold- und Silberminen Entspannung. So war es auch am frühen Morgen des 13. Juni 1878. Patrick Gallaghers »Shamrock Saloon« war überfüllt mit Männern. Einige standen an der Bar und tranken irischen Whiskey, andere aßen am Fleischschalter Steaks, der Großteil hatte sich um den Spieltisch versammelt. Plötzlich begannen zwei der Männer laut zu schreien: Alex Nixon, der mächtige und populäre Präsident der Miners Union, und Tom McDonald, der meinte, er sei der bessere Mann. Nixon holte aus und traf McDonald am Auge, der taumelte und zu Boden fiel. Andere Männer versuchten, die beiden zu beruhigen, aber McDonald zog eine Pistole, feuerte und traf Nixon in die Seite. Dieser zog, während er zur Erde stürzte, ebenfalls seinen Revolver, schoss, verfehlte aber seinen Kontrahenten. Zwei Stunden später starb Nixon an den Folgen des Schusses.

Die McDonalds und Nixons waren in Bodie allgegenwärtig, machten die Stadt zu einem Ort der Gewalt und Ungesetzlichkeit. Der Begriff des »Bad man of Bodie« war damals in ganz Amerika geläufig. Einige Historiker meinen, es habe ihn unter dem Namen »Washo Pet« oder »Tom Adams« wirklich gegeben, diesen Bösewicht von Bodie. Es scheint aber, als wäre der Begriff mehr eine allgemeine Beschreibung für einen schlechten Menschen, schlechten Whiskey oder das schlechte Klima dieser Gegend.

Bodie gehört heute zum riesigen Gelände der Hilton Ranch. Immer, wenn das Wetter keine guten fliegerischen Möglichkeiten bietet, was ziemlich selten der Fall ist, ist Bodie eines der begehrten Ausflugsziele. Der Weg von der

84

Rechte Seite:
Der weiße Engel auf dem Friedhof von Bodie: Hinter vielen der Grabmäler steckt eine bewegende Geschichte.

Bodie

Ranch führt über eine holprige Straße, die diesen Namen eigentlich gar nicht verdient. Ein Fahrzeug mit Allradantrieb ist Voraussetzung, die Fahrt unbeschadet zu überstehen und überhaupt dort anzukommen. Wenn die Straße einmal mehr durch einen der heftigen Gewitterregen und die gefürchteten Flutwellen weggeschwemmt wird, besteht nur die Möglichkeit, Bodie über Bridgeport oberhalb des Mono Lake zu erreichen. Wer sich von Los Angeles oder vom Mammoth Lake aus auf den staubigen Weg nach Bodie machen will, muss den Highway 395 bis nördlich von Lee Vining nehmen und dann auf dem California Highway weiterfahren. Die Straße ist als Pole Line Road bekannt. Weder in Bodie noch der nahegelegenen Geisterstadt Aurora gibt es eine Tankstelle oder die Möglichkeit, etwas zu essen oder zu trinken zu kaufen.

Blecherne Zeugen längst vergangener Blüte: Die alte Tankstelle an der ehemaligen Hauptstraße von Bodie.

Immer wieder haben sich in dieser harten Wüstenlandschaft Tragödien abgespielt. Um nicht in ernste Gefahren zu kommen, müssen daher Wasserreserven (mindestens vier Liter pro Person) mitgeführt werden. Der Tank des Fahrzeuges sollte vorher komplett gefüllt werden und ein Reservekanister aus Metall ebenfalls dabeisein. Einen wesentlichen Gewinn an Sicherheit bedeuten außerdem extra Wasser und Kühlmittel für die Klimaanlage, natürlich etwas zu essen sowie ein zweites Fahrzeug, falls eines einen Defekt bekommt. Sehr wichtig ist es außerdem, zu hinterlassen, wo man hinfährt und welchen Weg man dabei vorgesehen hat. Die Wüste vergibt keine Fehler. Vielleicht haben Sie Glück und treffen Jack Shipply in Bodie. Er hat in München Geschichte studiert, ist sehr gut über Bodie informiert und sieht aus, als käme er gerade aus den Aufnahmen zu einem Westernfilm. Wir stehen mit ihm zwischen einigen noch gut erhaltenen Häusern in der Green Street und Jack erzählt etwas aus der Geschichte der Stadt.

Bodie war sicher eine der wildesten Städte im Wilden Westen. Die Stadt hat sich bis zu den 70er Jahren des 19. Jahrhunderts nur langsam entwickelt, dann wurde Gold gefunden und es begann ein sehr stürmischer Aufstieg. 1880 war Bodie vielleicht zehnmal so groß wie heute, es gab etwa 1500 Gebäude. Heute sind noch etwa 150 Häuser gut erhalten. Immer wieder wurden in Bodie Teile der Stadt durch große Feuer zerstört. Bei dem größten Brand wurden 1932 fast 250 Gebäude eingeäschert. Ausgelöst hatte das gewaltige Feuer ein kleiner Junge namens Bodie Bill. Es ist die alte Geschichte des Kindes, das mit Streichhölzern spielt. Bei dem kleinen Bodie Bill war es die Enttäuschung an seinem Geburtstag. Er hatte sich Kuchen gewünscht und einen Pudding bekommen. Das ärgerte ihn so, dass er das Fest verließ und das Haus ansteckte. Das Feuer griff in Windeseile auf weitere Gebäude über und große Teile der Stadt wurden zerstört.

Eines der wichtigsten Häuser in Bodie war die Begräbnisanstalt. Als wir eintreten sieht alles so aus, als wäre noch gestern die letzte Trauergesellschaft hier gewesen. Überall stehen kleine weiße Kindersärge herum. Ein Hinweis darauf, dass Kinder durch Krankheiten, fehlende Medikamente und das entsetzliche Klima besonders gefährdet waren. Die üblen Sitten dieser Stadt, in der das Verbrechen vor nichts Halt machte, sind auch hier gegenwärtig: Der Begräbnisunternehmer beispielsweise praktizierte damals eine sehr gruselige Form des Recyclings. Er verkaufte seine Särge, begrub die Verstorbenen und buddelte sie in der kommenden Nacht wieder aus. Dann reinigte er die

Särge und verkaufte sie erneut – bis alles aufflog und er Kunde der eigenen Firma wurde ...

Viele Menschen haben versucht, in Bodie ihr Glück zu finden. Die, die Glück hatten, wurden reich, die meisten verloren aber ihr Gold und Geld ebenso schnell wieder. Und doch findet man in Bodies Museum viele Gegenstände,

*Die letzte Fahrt: Die harten Lebens-
bedingungen in über 3000 Metern
Höhe, die langen, harten Winter und
die mangelhafte medizinische Versor-
gung forderten ihren Tribut.*

die auf Wohlstand hinweisen. Große Feste in vornehmen Kleidern wurden gefeiert, edelste Speisen dabei gereicht. Wer Geld hatte, zeigte dies auch. Aber es gab auch viele Arme und Arbeitslose. Armut war in Bodie besonders bitter. Da alles über große Entfernungen herangebracht werden musste, waren die Preise besonders hoch. Zum Luxus gehörten alle frischen Lebensmittel, vor allem Gemüse und Salat, da die Fahrt nach Carson City über die holprigen Wege vier bis fünf Tage dauerte.

Diese Erfahrung machte auch einer der bekanntesten Männer, die in dieser Gegend auftauchten, Mark Twain. Er wohnte in Aurora, der nächstgelegenen Stadt. Häufig kam er nach Bodie und hat in seinem ersten berühmten Werk »Roughing It« darüber geschrieben. Es wird erzählt, dass der später weltberühmte Schriftsteller hier seine schriftstellerischen Fähigkeiten erlernte. Er kam als Goldsucher, arbeitete im Bergwerk, verdiente viel Geld und

Der Bestattungsunternehmer von Bodie legte eine ganz besondere Form des Recyclings an den Tag.

Das umgrenzte Grab von Lotti Johl.

verlor alles wieder. Er begann daraufhin, für Zeitungen zu schreiben und wurde später mit seinen Büchern berühmt. Auch technisch machte Bodie damals Schlagzeilen. Eine Oberleitung für Wechselstrom, der aus einem Wasserkraftwerk kam, wurde über eine Entfernung von 13 Meilen zur Stromversorgung nach Bodie geführt. Westinghouse und Edison sollen verblüfft gewesen sein, als sie davon hörten.

Es gab viele schlimme Typen in Bodie. Einer der hartgesottensten war unter dem Spitznamen »Buffalo Bill« bekannt. Den hatte man ihm wegen seines langen weißen Bartes verliehen. Bill war der aalglatteste Dieb, den es hier wohl je gegeben hat. Er hatte sogar seinen Hund zum Stehlen abgerichtet. Wenn etwas unbeaufsichtigt auf dem Ladentisch lag, schleppte es der Vierbeiner nach Hause. Eines Tages erwischte er dabei ein liebevoll eingewickeltes Päckchen. Doch als der Hund nach Hause lief, löste sich die Schnur und die Verpackung des Päckchens. Als Bill nach Hause kam, saß sein vier-beiniger Freund bereits vor der Tür. Zwischen den Zähnen hatte er spitzen-verzierte Damenunterwäsche, die im Wind wie eine Waffenstillstandsflagge wehte. Wenn Bill das Haus verließ, verbarrikadierte er die Tür mit drei Bal-ken. Es gab ja so viele zwielichtige Elemente in der Stadt ...

Im bitterkalten Winter war in Bodie ein Stapel Feuerholz mehr Wert als Geld und Gold. Holz brauchte man außerdem zum Bau der Häuser, vor allem aber zum Abstützen der Minenstollen. Der reichste Mann der Stadt war daher kein Goldgräber, sondern der Holzhändler. Natürlich wurde Holz auch gestohlen. Immer wieder wiesen verräterische Spuren im Schnee rund um die Holzstöße auf Diebe hin. Also beschloss man, dem Dieb eine Falle zu stel-len, bohrte ein Loch in ein Holzscheit und füllte es mit Schwarzpulver. Eines Tages, als Bill sich gemütlich die Hände am Feuer rieb, gab es plötzlich eine gewaltige Explosion. Die ganze Vorderfront von Bills Hütte stürzte zusam-men wie ein Kartenhaus. Bill fand sich vor seiner Hütte im Schnee wieder. Er war so schwarz, dass ihn kaum sein Hund erkannte!

In Bodie gab es auch einen berühmten Geistlichen, Vater Cassin. Er kam ver-mutlich um 1878 nach Bodie und blieb fünf Jahre dort. Der Mann, dessen richtiger Name John B. Cassin war, wurde oft gebeten, Sterbenden Trost zu spenden, wenn wieder einmal eine der Schießereien stattgefunden hatte, am Bett oder auch am Tresen. Bei einer solchen Gelegenheit fand er einen Schwerverwundeten in einer Blutlache auf dem Fußboden eines Saloons. Als Vater Cassin sich über ihn beugte, glaubte der Sterbende, der Geistliche sei sein Duellgegner. Er zog seinen Revolver und verfehlte Vater Cassins Kopf nur um Haaresbreite.

Als wir das nächste Gebäude betreten, machen wir eine überraschende Ent-deckung. Wir stehen in einer Art Fitness-Center des vergangenen Jahrhun-derts. Bodie, fast 3000 Meter hoch gelegen, war berüchtigt wegen seiner kalten Winter, in denen sich der Schnee oft meterhoch türmte. Da während der Winter keine Aktivitäten im Freien möglich waren, wurden sie nach innen verlegt. So entstand schon damals eine Sporthalle, deren Geräte wohl heute noch benutzbar wären.

Etwa die Hälfte der Frauen, die in der Westernstadt lebten, waren Prosti-tuierte. Einige davon erlangten auch über die Grenzen der Stadt hinaus

Der General Store: Hier ist alles noch so, wie es vor über 60 Jahren verlassen wurde.

Berühmtheit. Zu denen, die unvergessen sind, zählt Rosa May, die bis heute als eine Dirne mit goldenem Herzen gilt. Sie stammte aus Frankreich und hatte zuvor in Virginia City und Carson City gelebt. In kurzer Zeit wurde sie das Idol der meist einsamen Männer, die Königin von Bodies Unterwelt. Rosa May wurde reich und beschloss, eine Reise nach Europa zu machen. Sie besuchte ihre Verwandten in Paris, eilte nach Brüssel und Berlin und landete schließlich in Monte Carlo. Dort verspielte sie viele tausend Dollar, die die Goldgräber zuvor an den grünen Spieltischen des Laurel Palace Saloons von Bodie verloren hatten. Schließlich kehrte sie in die Goldgräberstadt zurück, begleitet von fünfzehn Koffern und Kisten – gefüllt mit feinsten Kleidern und Juwelen. Wieder kam einer der schrecklichen Winter mit niedrigen Temperaturen und hohem Schnee. Viele der Goldgräber erkrankten an Lungenentzündung. Rosa May eilte von Hütte zu Hütte, pflegte die kranken Männer, schrieb Briefe für sie nach Hause und erkrankte selbst an der Krankheit, die schon so viele dahingerafft hatte. Wenige Tage später war auch sie tot.

Auch die Prostituierte Lottie Johl beschäftigt die Menschen bis zum heutigen Tag. Sie war mit dem deutschen Metzger Eli Johl verheiratet. Nach ihrer Eheschließung wurde aus dem leichten Mädchen Lottie die solide Ehefrau Johl, die um die Anerkennung der feinen Gesellschaft von Bodie kämpfte. Eines Tages war Maskenball in Bodie und Lottie erschien in einem wunderschönen weißen Kleid, das mit Juwelen verziert war. Niemand erkannte die elegante Frau mit der Maske vor dem Gesicht. Bis zur Demaskierung war sie eine vielumworbene Frau, und das Preisrichterkomitee verlieh ihr den ersten Preis für das schönste Kleid des Abends. Sie war ganz Dame, bis zur Demaskierung. Entsetzt merkte die Gesellschaft, dass sie Lottie Johl, der ehemaligen Dirne, den ersten Preis verliehen hatte. Sie musste den Preis zurückgeben und wurde aus dem Saal gejagt.

Die, die hier einkauften, sind vergangen. Ihre Sorgen, genügend Essen zu haben, abends etwas Holz für eine warme, gemütliche Stube zu finden, Medikamente für die vielen Krankheiten zu bekommen, hat die Zeit verweht.

Lottie und Eli Johl lebten danach viele Jahre zurückgezogen in Bodie. Als Lottie eines Tages erkrankte, rief Eli den Doktor. Der schrieb ein Medikament auf, das Eli in der nahegelegenen Apotheke holte. In der folgenden Nacht ging es Lottie immer schlechter und der Arzt wurde erneut gerufen. Der konnte sich jedoch die dramatische Verschlechterung überhaupt nicht erklären. Am nächsten Morgen war Lottie tot. In der Stadt munkelte man, sie habe Selbstmord begangen. Die Autopsie brachte eine erstaunliche Erklärung. Das Medikament war in der Apotheke falsch zusammengestellt worden und man hatte Lottie eine tödliche Mischung verabreicht. Doch nicht einmal im Tod fand Lottie Johl Ruhe: Man wollte ihrem Mann nicht gestatten, sie auf dem Friedhof zu begraben. Eli Johl kämpfte lange für sie und erreichte schließlich, dass sie in einer Ecke des Friedhofs beigesetzt werden durfte, mit einem hohen eisernen Zaun um ihr Grab.

Einer der vielen Saloons von Bodie.

93

Als wir den General Store betreten, herrscht dort eine fast unheimliche Stimmung. Alles steht so da, als seien die Menschen hier gestern noch ein- und ausgegangen. Hier konnte man alles kaufen: Lebensmittel, Möbel, Dynamit, Teller, Kochgeschirr, aber auch die Geräte für den Bergbau. Über der Kasse hängt ein Schild: »Let's be friends – Don't ask for credit!« Eine alte Kaffeemühle lässt sich noch drehen, die Vorhänge wehen im Wind. Die Fenster sind blind geworden, verhindern den Blick nach draußen. Wird gleich die Tür aufgehen und eine Mutter mit ihren lachenden Kindern eintreten, um Lebensmittel für das Abendessen zu kaufen? Werden die Kinder sich Spielsachen aussuchen? Die Tür wird geschlossen bleiben. Die, die hier einkauften, sind vergangen. Ihre Sorgen, genügend Essen zu haben, abends etwas Holz für eine warme, gemütliche Stube zu finden, Medikamente für die vielen Krankheiten zu bekommen, hat die Zeit verweht. In Bodie ist nur der Wind geblieben und das furchtbare Klima. Immer wieder taucht die Stadt in der Liste der Rekordtiefsttemperaturen als kältester Punkt der USA auf.

Bodie

Gibt es Geister in Bodie? Es gibt bis heute viele Menschen, die behaupten, dass es in Bodie spukt, selbst die Ranger sind oft nicht frei von diesem Aberglauben. Als wir mit Jack Shipply in einem der Häuser stehen, ist plötzlich ein lautes Knarren zu hören. Jack hat eine simple Erklärung dafür: »Wahrscheinlich handelt es sich nur um einen Temperaturwechsel und das Holz hat gearbeitet. Aber es stimmt schon, viele Menschen sind davon überzeugt, dass es hier spukt. Im vergangenen Jahr hat eine Reihe von Fotografen das Fenster eines Hauses aufgenommen, in dem es nicht mit rechten Dingen zugehen soll. Alle Aufnahmen waren schwarz, völlig unbelichtet.« Im Caine-Haus, so erzählt man sich, gehe immer nach Mitternacht eine Frau mit schwerem Schritt langsam auf und ab.

Leise wehen Glockenschläge zu uns herüber. Wir verlassen die Stadt und steigen einen Hügel hinauf. Oben angekommen, stehen wir auf dem schöns-

Die häufigen Prügeleien in den Saloons waren nicht mehr als eine willkommene Abwechslung im öden Tagesablauf.

94

ten Aussichtspunkt von Bodie. Jack Shipply meint, das sei wohl auch der Grund, warum der Friedhof hier angelegt wurde. Wir wandern an den Grabsteinen vorbei, die sich wie eine Chronik des Verbrechens und des Grauens lesen: James D. Rush, nach einem Mord gelyncht; David Benner, nach einem Saloonstreit erschossen; Neva Pine, an einer Überdosis Opium gestorben; Henry Chatterton, in betrunkenem Zustand erfroren.

Immer wieder gehen wir an Kindergräbern vorbei. Warum sind diese Kinder so früh gestorben? Jack Shipply ist ernst geworden. »Zum großen Teil waren es Krankheiten, die heute nicht mehr zum Tode führen, aber damals, ohne wirksame Medikamente, vielen Kindern zum Verhängnis wurden.« Wir treten an eines der Kindergräber. Ein Engel aus Marmor breitet seine Flügel über das kleine Grab. Jack erzählt uns die Geschichte: »Das war der sogenannte Engel von Bodie. Als sie starb, war sie etwa fünf Jahre alt. Sie lief hinter einem Bergmann her, der als sehr kinderlieb galt und es wohl auch war. Er bemerkte nicht, dass die Kleine ihm gefolgt war. Als er seinen Pickel schwang, hat er sie dabei unabsichtlich getötet. Nun liegt sie hier unter diesem schönen weißen Stein.«

William Bodey hatte an einem heißen Tag im Juli 1859 auf der Suche nach Gold den Platz, an dem später Bodie entstehen sollte, gefunden. Zusammen mit seinem Partner Black Taylor baute er sich eine Hütte. Der Winter 1859 kam schnell mit grimmigen Temperaturen. Bald stellten sie fest, dass ihre Nahrungsmittel nicht ausreichen würden. Sie machten sich zu Fuß auf den Weg nach Monoville. Auf dem Heimweg überraschte sie ein Schneesturm. Die beiden Goldgräber verliefen sich. Nach stundenlangem Herumirren fiel Bodey kraftlos in den Schnee. Taylor stolperte alleine weiter, fand die Hütte und versuchte, mit Decken ausgerüstet, zu seinem Partner zurückzukehren. Der Wind war aber so stark, dass er nach einigen hundert Metern aufgeben musste. Nachdem der Sturm nachgelassen hatte, versuchte er vergeblich, die Stelle, an der er Bodey abgelegt und ihn mit einer Decke umwickelt hatte, wiederzufinden. Den ganzen furchtbaren Winter über saß er allein in der Holzhütte, glaubte immer wieder die Stimme William Bodeys zu hören und wurde halb verrückt dabei. Erst im Frühjahr wurde das, was die Kojoten von Bodey übriggelassen hatten, gefunden.

Viele Jahre später beschloss man, ihm auf dem Hügel ein Denkmal zu setzen. Als der Granitstein gerade fertig war, wurde der amerikanische Präsident James A. Garfield ermordet. Die Entscheidung, nun dem erschossenen Präsidenten das Denkmal zu widmen, war rasch gefallen. Man schraubte die Platte mit dem Namen Bodeys wieder ab und setzte dafür eine Inschrift für den toten Präsidenten ein. Ein anderes Denkmal auf dem Hügel hatte einen ungewöhnlichen Verwendungszweck: Nachts kamen Schwarzbrenner auf den Friedhof, entfernten die Gedächtnistafel zu Ehren des Verstorbenen, eines Mr. Padgens, und deponierten illegalen Whiskey in der Aushöhlung.

Auf dem chinesischen Friedhof fanden die Beerdigungen mit großem Pomp und Zeremoniell statt. Tausende kleiner Papierschnitzel wurden auf dem

Weg des Beerdigungszuges verstreut, denn der Teufel musste sie alle auf-
sammeln, bevor er von der Seele des Verstorbenen Besitz nehmen konnte.
Zu der Begräbniszeremonie gehörte es, Unmengen an Nahrungsmitteln, vor
allem geröstetes Schweinefleisch als Wegzehrung für den Toten auf das
Grab zu legen. Den Indianern der Gegend, die meist Hunger litten, blieb dieser Brauch nicht verborgen. Nach chinesischen Begräbnissen wurden auf-
fällig häufig große Feste in den Indianerlagern gefeiert. Die Spezialität war
geröstetes Schweinefleisch!

Die vielen Legenden haben sich über die Jahre mit der Wahrheit vermischt,
sicher aber ist, dass Bodie die Stadt ist, wo der Westen am wildesten war.
In wenigen Jahren wurde in der Stadt, weit oberhalb der Baumgrenze, viel
Gold gefunden. Um 1880 gab es in Bodie drei Zeitungen, zwei Banken, ein
dutzend Hotels, drei Brauereien und etwa 60 Saloons. Mitten hinein in die
stürmische Entwicklung der Stadt brach das plötzliche Ende. Der rasche Verfall des Goldpreises machte den teuren Abbau des Edelmetalls unrentabel.
Gold wurde hier nicht geschürft, sondern in Stollen gewonnen, die tief in die
Berge getrieben werden mussten. Reichhaltige Gold- und Silberadern, die
an anderen Plätzen gefunden wurden, lockten die Goldsucher zusätzlich
weg aus der unwirtlichen Gegend. Mehrfach wurden große Teile der Stadt
durch Feuer zerstört. Die Aussicht auf einen der grimmig kalten Winter in
Bodie, ohne Holz oder anderes Baumaterial für neue Hütten, veranlasste die
Männer, die hier ihr Glück gesucht hatten, die Stadt zu verlassen. Viele ihrer
Hütten stehen heute noch so, als wären ihre Bewohner erst gestern fortge-
zogen. Trotz des beschwerlichen Weges zieht Bodie in jedem Jahr mehrere
tausend Besucher an. Sie drücken sich die Nasen an den blinden Fenstern
platt und suchen im Staub der Virgin Lane oder der Maiden Alley nach Gold-
nuggets. Aber sie finden kein Gold, sondern Geschichten aus einer Zeit, die
den Ruf des Wilden Westens begründet hat – viele Stunden entfernt von der
Zivilisation, mitten in den Bergen der Flying-M-Ranch.

97

Linke Seite:
Der Verfall des Goldpreises ließ die
aufstrebende Goldgräberstadt Bodie
jäh zerfallen. Heute beschäftigt sich
nur noch der Rost mit den Überresten
damaliger Technik.

Max ist glücklich

Bei den Flugzeughallen der Flying-M-Ranch fällt uns ein netter älterer Herr auf. Er ist eigentlich schon immer da und lächelt stets. Hier und da hilft er, so gut es geht. Mit sehnsüchtigem, halb verklärtem Blick sieht er jedem startenden Flugzeug nach. Wir einigen uns darauf, dass er wohl als Mitarbeiter auf der Ranch alt geworden sein müsse und nun hier seinen Lebensabend verbringe.

Noch waren die Cup-Gewinner mit der Vorbereitung ihrer Flugzeuge beschäftigt. Ich habe also etwas Zeit und komme auf die Idee, diesen freundlichen Menschen zu einem Flug einzuladen. Ob er nicht Lust hätte, einmal mit mir zu fliegen? – »Oh yes, that would be marvelous!« Er strahlt über das ganze Gesicht. Wir ziehen die Schweizer 2-32 auf die Piste und sind bald in der Luft. Nur ja vorsichtig, denke ich, ganz sanft steuern, dass dem netten Herren nicht schlecht wird.

Nach dem Ausklinken spüren wir einen kräftigen Aufwind. Zart lege ich das Flugzeug in die Kurve, erkläre meinem Passagier, wie die Steuerung funktioniert und lasse ihn am Knüppel die Ruderbewegungen mitfühlen. Nein, es gibt kein Problem. Es gehe ihm sehr gut, alles sei sehr schön. Gut. Wir steigen weiter. Immer wieder erkundige ich mich nach seinem Befinden. »No problem.« – »O.K.« – »I'm fine.« – »It's wonderful.« Inzwischen haben wir die Höhe des Mount Grant erreicht. Mit erhöhter Fahrt fliegen wir jetzt die Hochfläche entlang. Je flotter ich steuere, desto begeisterter äußert sich mein Passagier. Noch näher über die Felsen, noch schneller, noch steiler ziehen wir hoch, und alles ist offensichtlich noch schöner!

Seltsam, denke ich und freue mich mit ihm. Dann kommt mir in den Sinn, dass die 2-32 für einfachen Kunstflug zugelassen ist. Das kleine Schild »No aerobatics« dürfe man wohl nicht ganz so ernst nehmen, erkläre ich ihm. Ob er einmal einen Looping fliegen will? »Oh yes!« Der alte Mann strahlt und lacht. Aus einem Looping werden mehrere, dann zischen wir die Hangflanke entlang zurück zur Ranch. Dort ist man inzwischen mit den Vorbereitungen fertiggeworden und wartet auf mich. Ich soll mit einem anderen Flugzeug eine Gruppe zu einem längeren Streckenflug führen.

Über der Ranch dann noch ein paar Loopings. Warum sollte nicht jeder unten sehen, was dieser tolle Herr alles noch mitmacht. Jetzt noch ein Turn. Leider reicht die Fahrt nicht ganz, wir rutschen in einer ausgesprochen unangenehmen Bewegung einige Meter rückwärts durch die Luft, bevor das Flugzeug endlich nach vorne umschlägt und wieder in die normale Fluglage abgefangen werden kann. Noch immer strahlt der nette Mann. Wir holen etwas aus, Überflug, Landeflug, Landung.

Barron kommt auf uns zu und fragt meinen Passagier, wie es ihm gefallen habe. »0h, incredible, really Barron, I never had such a beautiful flight in my glider!« Wie? Habe ich richtig gehört? »... in my glider ...«? »Entschuldigung, was haben Sie da eben gesagt? Wem gehört dieses Flugzeug?« Barron lacht. »Ja, wusstest du das denn nicht? Das ist Max, und die 2-32 ist sein Flugzeug. Max hat es bei mir abgestellt. Er fliegt es hin und wieder, wenn wir uns hier treffen.«

Max und Barron sind seit langem gute Freunde. Etwas sprachlos lasse ich mir berichten, dass der Lear-Jet am Platzende Max gehört, dass seine große Yacht gerade vor Alaska ankert und seine Firmengruppe an der New Yorker Börse gehandelt wird.

Extreme in der Wüstenluft

Peter Fischer und ich haben mit unseren Seglern einen herrlichen Flug nach Norden. Das Sperrgebiet bei Fallon ist großräumig umflogen, weiter geht's in die immer unwirtlicheren Gegenden westlich und nördlich der Carson-Senke. Dort unten muss es unerträglich heiß sein. Man sieht trockenes Gestein, weite Sandflächen und kaum noch Anzeichen, dass hier irgendwo einmal ein Mensch gewesen sein könnte. Vor uns lockt herrliches Flugwetter mit regelmäßigen Quellwolken, aber hinter uns wächst der Himmel zu, sieht es nach Wetteränderung, nach Schauern aus.

Wir kehren um, fliegen noch ein wenig nach Westen und finden unter einer Wolkenabschirmung immer wieder schwache Aufwinde. Der Weg führt vorbei an Minden und bald nähern wir uns dem Bergmassiv von Sweetwater, dem Toiyabe National Forest, zehn Kilometer nördlich der Ranch. Hier scheint wieder die Sonne, aber eine riesige Wolke türmt sich vor uns auf. Noch sind wir zu tief, können die Wolke nicht direkt anfliegen. Peter findet einen Aufwind, legt den Nimbus 3 steil in die Kurve und steigt nach oben weg. Ich komme mit der Pegase nach und fädle mich unter ihm ein. Wir steigen rasch und können schon bald die Ranch sehen. Da wird die schwarze Basis der Wolke vor uns unscharf.

Folgende Doppelseite:
Das einzigartige Panorama über der Ranch: Die Wassuk Mountains begrenzen die Ranch im Osten, die Masonic Mountains im Westen.

Ein wahrer Vorhang von Regen und Hagel ergießt sich nach unten. Die letzte Lücke schließt sich. Wenn wir die Ranch noch erreichen wollen, müssen wir da durch. Um nicht im Abwind des Schauers heruntergewaschen zu werden, erkurbeln wir in unserem Aufwind noch einige hundert Meter Sicherheitshöhe. Peter fliegt ab und verschwindet bald darauf im Schauer. Noch ist alles ruhig, dann zuckt der erste Blitz auf. In dichter Folge weitere Blitze – in voller Länge kann ich sie von der Wolke bis in den Wüstenboden einschlagen sehen. »Etwas laut«, meint Peter, »aber kein Problem, ich bin schon durch. Du kannst kommen.«

Mit gemischten Gefühlen steuere ich in die Schauerwand. Schneegestöber, Hagel und Regen umgeben mich, Blitze links und rechts, es kracht ohrenbetäubend, und plötzlich fühlt sich der Steuerknüppel so seltsam an. Es bitzelt in meiner Hand. Das ganze Flugzeug ist offenbar statisch aufgeladen. Nicht unbedingt gefährlich, denn die Flugzeugoberfläche sollte doch als Faradayscher Käfig mögliche Entladungen an der Außenhaut ableiten. Dennoch ein merkwürdiges Gefühl. Hoffentlich weiß die Natur auch, dass sie ihre elektrische Energie um mich herum und nicht durch mich hindurch leiten soll. Das Bitzeln wird stärker, fängt an, weh zu tun. Da wird es hell um mich, ein Blitz geht direkt neben dem Flugzeug krachend herunter, danach ist wieder alles in Ordnung. Der Steuerknüppel fühlt sich an wie immer. Noch einige Sekunden Angst, dann bin ich heraus.

Die Ranch liegt unmittelbar vor mir. Peter und ich kreisen noch ein wenig über den Hallen und landen ohne Probleme in ruhiger Luft bei fast totaler Windstille. So dicht nebeneinander können hier friedliche Ruhe und wilde Gewitterthermik liegen. Die Wüstenluft fällt von einem Extrem ins andere. Wir, mit unseren motorlosen Vögeln, müssen auf der Hut sein, um nicht zwischen die Mahlsteine dieser Gewalten zu geraten.

John Denvers Dreieck

Downwind downhill

John Denver, wer kannte ihn nicht, den populären Sänger gefühlvoller Countrysongs. Mehr als eine Gitarre brauchte er nicht – zum Singen, sonst allerdings schon. Berühmte und bekannte Persönlichkeiten sind die Würze beim Segelflugcamp auf der Flying-M-Ranch. Barron Hilton hatte den Neuzeit-Troubadour eingeladen, und dieser kam stilgerecht. Woody Woods hatte Johns ersehntes Spielzeug – einen herrlich restaurierten Waco-Doppeldecker aus den dreißiger Jahren – aus Phönix mitgebracht. John hatte sich dieses Flugzeug von ihm herrichten lassen. Er flog alle seine Flugzeuge selbst. Den Lear-Jet als Reiseflugzeug, die Waco morgens und abends – vor und nach dem Segelflugbetrieb der Cup-Gewinner.

Unser Segelflugfieber hatte John sofort neugierig gemacht. Noch nie war er ohne Motor geflogen. In den USA geht die Umschulung im Handumdrehen. Nach ein paar Starts mit Fluglehrer Hugh Williams flog John »solo«. Starts und Landungen sahen zwar recht abenteuerlich aus, aber mit der Thermik klappte es auf Anhieb sehr gut. Er zentrierte die Aufwinde geschickt, flog gleich mehrere Stunden und genoss es offensichtlich in vollen Zügen.

Am nächsten Tag will John es genau wissen. Er hat sich eine Dreieckstrecke über 300 Kilometer in die Karte gezeichnet und ist entschlossen, mit der ersten Thermik in die High Sierra zu fliegen. Vor dem Start können Ingo Renner und ich ihn gerade noch überzeugen, dass es vielleicht günstiger ist, die Flugroute etwas anders zu legen, denn in der Sierra gibt es zwar schroffe, hohe Berge und wilde Böen, aber so gut wie keine Landemöglichkeiten. Unsere Bedenken, ob es denn überhaupt klug sei, bei einem der ersten Segelflüge sofort weit vom Flugplatz weg in die Wüste hineinzusteuern, findet er eher kleinmütig. Nein, er weiß, was er will, und passt schon auf sich auf. Was können wir da tun?

Hannes Linke und ich beschließen, ihn zu begleiten. John fliegt die Libelle, Hannes seine LS 6, wir steigen in den Twin-Astir. John macht seine Sache wirklich gut. Bei hervorragender Thermik kommen wir recht problemlos voran. An der zweiten Wende, östlich des Walker Lake, ist der Himmel dann blau und die Thermik schwach. Die stolze Flughöhe schwindet dahin und der Rückweg wird wohl nicht so einfach werden. John hält sich gut und kämpft um jeden Höhenmeter. Ein letzter Aufwind bei Schurz und es geht über die Flanke des Mount Grant zurück zur Ranch.

106

John Denver hat es damals tatsächlich geschafft. Während wir beschließen, noch ein wenig oben zu bleiben, landen Hannes und John. Sofort sind sie von Fernseh- und Fotoleuten umringt. Barron Hilton gießt Champagner über Johns blondes Haupt: Es war wieder einmal hervorragend.

Frank und ich genießen inzwischen die immer stärker werdenden Aufwinde am Mount Grant. Dunkle Wolken haben sich hier gebildet und es ist abzusehen, dass es bald Schauer und Gewitter gibt. Vielleicht ist es doch besser zu landen, bevor unten die Hektik beginnt. Mit ausgefahrenen Luftbremsen steuern wir steil nach unten. Frage über Funk: »Was ist mit dem Wind, steht er noch in Richtung der Hauptbahn oder ist es besser, auf die unbefestigte Querbahn auszuweichen?« Starker Seitenwind. Man empfiehlt uns die Staub-Piste. Wir gehen in steiler Spirale – noch immer mit ausgefahrenen Bremsklappen – sofort in den Landeanflug, ohne einen Kreis und ohne Queranflug – leider. Von Ost nach West fällt die Piste zwar stark ab, aber wenn der Wind von unten kommt, wird's schon richtig sein ...

Erst nach der Landekurve, knapp über dem Boden, merke ich, dass etwas nicht stimmt. Wir rasen mit Rückenwind über den Wüstenboden, überfliegen die Pistenschwelle. Der Twin will die letzten zwei Meter Höhe über der

107

John Denver, der berühmte Mann mit der Gitarre, war auch begeisterter Flieger. Er flog auf der Ranch das erste Mal mit einem Segelflugzeug.

Piste nicht hergeben. Es bleibt keine Zeit zu überlegen, ob ich die Funkmeldung falsch verstanden habe, ob ich Windrichtung und Landerichtung verwechselt habe, oder ob die Meldung nicht eindeutig war. Wir müssen sofort aufsetzen. Das Bahnende kommt bedrohlich näher und, was das Schlimmste ist, genau dort, wo wir ausrollen werden, stehen ein Auto und ein Schleppflugzeug. Links und rechts neben der Piste liegen große Felsbrocken. Nur noch 200 Meter. Der Crash scheint unvermeidlich.

Nachdem John Denver genügend fotografiert worden war – strahlend, im Flugzeug, aussteigend, am Flugzeug, vor dem Flugzeug, mit blauen Augen in den Himmel schauend, mit und ohne Champagner im Haar – ist es am Boden ruhiger geworden. Woody und Barron stehen an der Piste und unterhalten sich. Plötzlich und unvermittelt meint Barron dann, am anderen Platzende würden die Flugzeuge so unordentlich herumstehen, man könne doch mal den Bereich freiräumen, in dem sich die Pisten kreuzen. Nur so, man wüsste ja nie, es wäre eben etwas sicherer. Woody möchte doch mit ihm hochfahren, dann könne man das in Ordnung bringen.

Während die beiden gerade beginnen, im Auto die einen Kilometer weite Strecke entlangzufahren, beobachten sie, wie wir mit dem Twin steil herunterkommen. »Verdammt, der fliegt ja verkehrt herum an!«, stellen sie erschreckt fest. Woody fährt, was das Auto hergibt. Vollbremsung am Bahnende. Barron springt in den Wagen, der die Kreuzung der Piste blockiert. Woody ist so schnell wie nie zuvor auf dem Pilotensitz der Cessna. Die Räder des Chevrolet quietschen, die Cessna wirbelt unter Vollgas Staub auf.

John Denver in seinem Waco-Doppeldecker aus den 30er Jahren. Bei einem Flugzeugabsturz mit seinem privaten Motorflugzeug kam er am 12. Oktober 1997 ums Leben.

Der Twin rast über die Piste und ich sage noch: »Halt dich fest, ich glaube gleich kracht's!« Im Sand der Piste scheint es keinen Halt zu geben, die Radbremse des Twin zeigt kaum Wirkung. Ich ziele zwischen Cessna und Chevrolet, aber die Spannweite des Twin wird wohl zu groß sein. Dann wirbelt plötzlich hinter der Cessna, kaum einhundert Meter vor uns, eine lange Staubfahne. Wie von Geisterhand gesteuert, bewegen sich Cessna und Chevrolet zu verschiedenen Seiten, die Lücke zwischen ihnen vergrößert sich. Wir preschen hindurch, überqueren die Hauptpiste und kommen fünfzig Meter dahinter zum Stehen. Nichts, gar nichts ist passiert.

Es ist vorbei, wir haben unbeschreibliches Glück gehabt. Wir steigen aus, Woody und Barron kommen uns entgegen. Wir umarmen unsere Retter und können noch nicht fassen, dass Barron auf die Sekunde genau, gerade noch rechtzeitig, die Idee hatte, da oben mal eben aufzuräumen.

Am Abend sitzen wir im großen Salon des Haupthauses und lassen die knapp abgewendete Katastrophe nochmals Revue passieren. John Denver verschwindet kurz, um wenig später mit seiner Gitarre wiederzukehren. Zur Feier des Tages singt er, nur für uns, Lieder von tiefblauem grenzenlosem Himmel, der Freiheit über den Wolken und der Macht der Natur. Erst Jahre später wird mir schmerzlich bewusst, wie sehr mich dieser Abend mit John beeindruckt hat. Ich sitze im Büro als mein Freund Dennis aus den USA anruft: John, der das Fliegen über alles liebte, der es wie kaum ein anderer verstand, sich von den Fesseln der Erde loszulösen, ist mit seiner Speed Canard ins Meer gestürzt. John ist tot.

Zwei Männer vom Mond

Die Hitze liegt flimmernd über der Landepiste des Flugplatzes inmitten der Wüste. Der kleine blaue Doppeldecker setzt zuerst mit dem linken Rad auf, zieht mit einem bedenklichen Bogen nach rechts, dann wieder nach links. Fast sieht es so aus, als tanze die Maschine. Dann fängt sich das historische Flugzeug, rollt aus, und der Pilot, mit lederner Fliegerjacke, Fliegerbrille und entschlossenem Blick, stemmt sich aus dem engen Sitz. Alan Shepard, der erste Amerikaner im All, der mit seinem Flug um die Erde den Schock der Amerikaner über den Russen Juri Gagarin, den ersten Menschen im All, wettmachte, springt mit einem Satz auf die Erde. »Hallo, Alan, zurück vom Mond?«, frage ich ihn. Er lacht. »Weißt du, Frank«, sagt er zu mir, »diese alten Flugzeuge zu fliegen, ist fast so schön, wie auf dem Mond gewesen zu sein.«

Alan Shepard hat die Stearman bereits 1946 geflogen. Ich spreche ihn auf die etwas missglückte Landung an. »Oh ja«, meint er schmunzelnd, »kritisch vor allem zu landen, weil sie soviel Auftrieb hat. Man muss ganz schön aufpassen, aber das Tollste an dieser alten Kiste ist ihre Kunstflugtauglichkeit.« Alan Shepard ist nach seinem waghalsigen Flug mit der Redstone-Rakete der berühmteste amerikanische Astronaut. Außer einem Besenstiel hat er alles, was fliegen kann, geflogen. Was fliegen für ihn bedeutet, will ich von ihm wissen. Er blickt nachdenklich. »Fliegen, das ist das Wichtigste in meinem Leben. Ob man dazu geboren wurde oder nicht – es nimmt Besitz von einem, es geht tief ins Blut. Obwohl ich nun fast ein Jahr nicht in der Luft war, hat es mich sofort wieder gepackt und ich habe festgestellt, wie sehr ich es vermisst habe.«

Am 18. November 1923 wurde Alan B. Shepard in East Derry, New Hampshire, geboren. Er kam erst nach dem Zweiten Weltkrieg zur Luftwaffe und erwarb 1947 seinen Pilotenschein. Nachdem er 1950 Testpilot wurde, erprobte er neue Flugzeugtypen und erhielt dafür zahlreiche Auszeichnungen. 1959 wurde er von der NASA in die engere Wahl der Kandidaten für kommende Weltraumflüge gezogen. Am 15. Mai 1961 startete er zum ersten bemannten Raumflug der USA in der »Mercury«-Weltraumkapsel »Freedom 7« in den Weltraum.

Mit der vom Team Wernher von Brauns entwickelten »Redstone III«-Rakete wurde er auf die ballistische Flugbahn geschickt und erreicht eine Höhe von 184 Kilometern bei einer Geschwindigkeit von 8106 Stundenkilometern. Am 31. Januar 1971 führte er als Kommandant das Raumschiff Apollo 14 »Kitty Hawk« zum vierten Mondflugunternehmen der USA. Trotz Schwierigkeiten bei der Kopplung von Mutterschiff und Mondfähre landete er am 5. Februar 1971 gemeinsam mit dem Mondfährenpiloten Edgar Mitchell als drittes amerikanisches Team auf dem Mond. Nach seiner Landung am 9. Februar 1971 südlich der Insel Samoa im Pazifik wurde er zum Konteradmiral befördert.

Welche Empfindungen hatte Alan Shepard, als er an der Spitze der Redstone-Rakete saß, die nach heutigen Vorstellungen geradezu winzig ist? (Sie ist viel kleiner als eine der Hilfsraketen des Space Shuttle.) Betrachtet er den Ritt auf der Rakete ins All überhaupt noch als Fliegen, will ich von ihm wissen. »Da gibt es viele Gefühle. Der erste kurze Flug war schon ziemlich aufregend, und die Gefühle dabei lassen sich kaum beschreiben. Die Mondflüge waren dann viel länger, sie brachten mir persönlich auch eine stärkere Befriedigung.«

Etwas vermisste Alan Shepard an Bord des Redstone-Raketenwinzlings: Eine Toilette. Trotz siegreicher Technik ging beim ersten Flug eines Amerikaners ins All im wahrsten Sinne des Wortes etwas in die Hose. Alan Shepard lacht. »Das kann man wohl sagen, ich hatte einfach zuviel Kaffee getrunken und

Ulf Merbold, Astronaut und Kosmonaut »umkreist« den Mond. Neben der Weltraumausbildung hat der Deutsche auch einen Berufspilotenschein mit Instrumentenflugberechtigung und einen Kunstflugschein.

dann verzögerte sich der Start um einige Stunden. Meine Verzweiflung wuchs.« Astronaut und Bodenkontrollstation gerieten in Panik. Was konnte passieren, wenn es passierte? Welche elektrischen Leitungen konnten beschädigt werden? Die Techniker waren sich über die möglichen Folgen nicht einig. Irgendwann setzte Alan Shepard der Diskussion ein Ende. »Unangenehm war dabei nur, dass ich mit den Füßen nach oben und dem Kopf nach unten in der Rakete lag. Aber es blieb kein anderer Weg«, meint er, »auf mich kamen ja beim Start gewaltige Vibrationen zu, außerdem 12 G Belastung beim Wiedereintritt in die Erdatmosphäre. Übrigens, als ich dann wirklich gestartet bin, war alles wieder okay. Die Luft, die durch meinen Raumanzug geblasen wurde, hatte alles getrocknet.«

Als ich von ihm wissen will, mit was er denn am liebsten fliegt, lacht er und sagt: »Eigentlich ist mir das egal. Ich fliege alles, was mich in die Luft bringt und vor allem sicher wieder auf den Boden.« Von den wenigen Menschen, die auf dem Mond waren, haben uns zwei immer wieder auf die Flying-M-Ranch begleitet. Eugene A. Cernan, Kommandant von Apollo 17, war sogar zweimal am Mond. Das erste Mal, mit Apollo 10, hat er sich mit der Mondlandefähre »Snoopy« der Oberfläche bis auf wenige Kilometer genähert. Aufgrund der dabei gesammelten Erfahrungen konnten dann mit Apollo 11 erstmals zwei Astronauten auf dem Mond landen. Bei seinem zweiten Flug hat er den Mond selbst betreten.

Jetzt waren die beiden Männer vom Mond mit uns in der Stille der Wüste Nevadas und segelten lautlos, nur von den Kräften der Natur getragen, über den High Sierras. Abends, wenn der Wind eingeschlafen war und die Thermik mit ihrer Kraft nachgelassen hatte, saßen wir zusammen unter dem unglaublich klaren Sternenhimmel der Wüste, und beide begannen sich zu erinnern. Alan Shepard meinte zu den Anfängen der Raumfahrt und ihren Gefahren: »Das war zu einer Zeit, als man noch daran zweifelte, dass ein Mensch unter schwerelosen Bedingungen für längere Zeit ein Raumfahrzeug manövrieren könnte. Inzwischen ist ja bewiesen, dass der Mensch sich sehr schnell an diesen schwerelosen Zustand anpassen und auch gut unter diesen Bedingungen leben kann. Besonders die Mediziner fragten sich damals, wie der menschliche Körper reagieren würde.«

Es wurde auch die Frage aufgeworfen, ob sich das Denken und der Geisteszustand in der Schwerelosigkeit ändern würde. Überall wurden Zweifel

Alan Shepard, der erste Amerikaner im Weltraum, flog am 5. Mai 1961 mit seiner Raumkapsel Freedom 7 für 14 Minuten durchs All. Am 5. Februar 1971 landete er schließlich mit Apollo 14 auf dem Mond.

laut, es gab eine Menge Zyniker. Die Menschen heute denken anders über die Raumfahrt.« Hatte Alan Shepard Angst vor dieser neuen, nie gekannten Art des Fliegens? »Aus meiner Sicht waren wir alle sehr nervös, die wir die Maschine kontrollieren sollten. Angst, dass wir nicht reagieren, dass wir Fehler machen würden. Die Tatsache, dass dies ja alles auch gefährlich war, haben wir verdrängt. Das muss man auch, wenn man ein guter Testpilot sein will. Auf die eigene Ausbildung vertrauen, die Ingenieure und all die anderen Dinge. Wenn man da oben zitternd vor Angst in der Kapsel säße, täte man niemandem einen Gefallen, am wenigsten sich selbst.«

Wer die Mondlandungen im Fernsehen verfolgt hat, konnte den Eindruck gewinnen, das Ganze sei eher ein leichtes Unternehmen. Es hatte aber viele kritische Momente. »Was war denn die kritischste Phase«, frage ich ihn. Alan Shepard überlegt nicht lange. »Der schwierigste Teil war natürlich die Mondlandung. Wir hatten mehr Möglichkeiten, vom Mond wegzukommen,

Eugene Cernan (r) ist bislang der einzige Mensch, der jemals einen »Autounfall« abseits unseres Planeten hatte: Bei seiner letzten Mondmission mit Apollo 17 im Dezember 1972 büßte das Mondfahrzeug »Lunar Rover« aufgrund einer Unachtsamkeit einen Kotflügel ein. Sein Kommentar: »Fliegen kann ich besser!«

114

als auf ihm zu landen. Der wirklich kritische Punkt war das Aufsetzen auf dem Mond. Der Spielraum des Landeplatzes war äußerst gering, er lag nur etwa bei fünfzig Metern. Wichtig war vor allem, eine möglichst ebene Fläche zu finden, und dann mussten wir auch noch selbst darauf zusteuern.«

Wir stehen im Garten der Ranch und schauen zum Himmel. Alan Shepard und Eugene Cernan zeigen uns die Stelle auf dem Mond, auf der sie gelandet sind. Wir blicken auf unzählige Sterne, die Milchstraße, die hier wirklich wie eine Straße wirkt. Ein Stern leuchtet besonders hell. Als ich ihn eine Weile beobachte, stelle ich fest, dass er sich bewegt, immer schneller wird. Es ist einer der vielen Satelliten, deren Existenz erst durch die Raumfahrt möglich wurde. Eugene Cernan war der erste Mensch, der ein Auto auf dem Mond fuhr. Jetzt, wo wir hier stehen, weit weg von der nächsten menschlichen Ansiedlung, mitten in der Wüste, wird diese Vorstellung noch unwirklicher. Ich frage ihn, ob er denn gerne noch einmal mit einer Rakete fliegen würde. »Natürlich würde ich gerne und jederzeit wieder mitfliegen, aber diese Flüge sind so selten. Trotzdem bin ich schon sehr froh, dass ich einmal eine Rakete geflogen habe, dank Alan Shepards Pioniertaten. Man darf nie vergessen, dass es eine ganze Menge Mut kostete, auf so ein Pulverfass wie die Red Rocket zu steigen, noch dazu, wenn man bedenkt, dass es damals keine Erfahrungswerte gab. Und auf einmal der zu sein, auf den die Wahl gefallen ist; der Mensch in der ersten Rakete zu sein, die die Erde verlässt. Alan Shephard ist zu bescheiden. Wir stehen in seiner Schuld dafür, dass er uns Vorbild war, dass wir nach ihm den Mut aufbrachten, um zum Beispiel zum Mond zu fliegen.«

Eugene Cernan, von seinen Freunden Gene genannt, war der Astronaut, der am längsten auf dem Mond verweilte. Er ist auch der einzige Mensch, der je außerhalb der Erde mit dem Auto fuhr, dem teuersten, das je gebaut wurde. Er lacht. »Da fuhren wir nun über 300 000 Kilometer von der Erde entfernt Auto. Ich beanspruche das große Privileg für mich, nicht nur der einzige Mensch zu sein, der auf dem Mond Auto gefahren ist, sondern auch der, der dort einen Unfall gebaut hat. Mir ist nämlich ein Kotflügel abhanden gekommen. Das wird mir nun dauernd nachgetragen.«

Wir stehen seit Stunden auf der Wiese vor der Ranch, begreifen immer mehr die Unendlichkeit, sind so fasziniert, dass wir nicht einmal merken, welche Freude die Mücken mittlerweile an uns haben. Alan Shepard und Eugene Cernan sind nur zwei der Männer, die auf dem Mond waren. Werden andere Menschen in Zukunft in ihre Fußstapfen treten? Alan Shepard antwortet sofort. »Auf jeden Fall, da gibt es überhaupt keine Frage. Wir haben zwar auf dem Mond keine wertvollen Mineralien gefunden, aber dafür wichtige Erkenntnisse zu Problemen, über die sich die Wissenschaft in der Vergangenheit lange den Kopf zerbrochen hatte. Wir haben beispielsweise auf dem Mond Gesteine gefunden, wie es sie auch auf der Erde gibt, was die Theorie stützt, dass Erde und Erdtrabant zur gleichen Zeit entstanden sind.« Eugene Cernan nickt und stimmt zu. Dann meint er: »Wir werden auf den Mond zurückkehren und sogar zum Mars und noch weiter fliegen. Anlässe dafür gibt es sicher genug.«

Zu den wenigen Menschen zu zählen, die den Mond betreten haben, was bedeutet das? Hat sich das Leben der Astronauten verändert? Sehen Alan Shepard und Eugene Cernan die Dinge des Lebens jetzt anders? »Das ist eine sehr schwere Frage«, meint Alan Shepard nachdenklich. »Ich glaube, dass es meine Lebenseinstellung und Philosophie nicht verändert hat. Ich muss dennoch zugeben, dass der Blick zurück auf die Erde, das Bild unseres wunderschönen Planeten bei mir ganz spontane Gefühlsregungen ausgelöst hat. Das ist unser Zuhause, habe ich zu mir selbst gesagt – wie still, friedlich und zerbrechlich die Erde aussieht. Und doch wusste ich, dass dort gerade in diesem Moment viele Konflikte ausgetragen werden, zwischen Nationen, Staaten und Menschen. Und dann dachte ich, wie schade es ist, dass man nicht jeden Erdbewohner mit auf den Mond nehmen kann, um ihm zu zeigen, wie kostbar dieser Planet ist. Wir müssen lernen, miteinander auszukommen.« Um uns ist es stiller geworden, als Eugene Cernan fortsetzt: »Es ist eine so einmalige und seltene Erfahrung. Es war ein bemerkenswerter Moment, zurück zur Erde zu schauen, von Pol zu Pol blicken zu können, von Kontinent zu Kontinent. Das war noch wichtiger, als den Mond zu betreten.«

Am nächsten Tag stehen wir auf der Landebahn des Flugplatzes der Ranch. Eugene Cernan sitzt in einem Segelflugzeug, entspannt und gut gelaunt. »Wie kam der Mann vom Mond zum Segelfliegen?«, frage ich ihn. »Oh, Barron hat mich dazu gebracht. Er hat mir erklärt, für die Europäer sei dies die beste Art des Fliegens und da wollte ich wissen, ob das wirklich stimmt. Ich glaube, sie haben recht. Segelfliegen, das ist Fliegen in seiner einfachsten, wohl auch ursprünglichsten Form. Du bist alleine mit der Natur und spürst, was Fliegen wirklich bedeutet. Es ist der einzige Weg, zu empfinden, was uns die Natur gestattet, mit Flügeln, die wir uns selbst gebaut haben. Es ist aber auch ein Test, die Grenzen der eigenen Möglichkeiten und Fähigkeiten zu finden!«

»Was ist der große Unterschied zwischen dem Flug zum Mond und dem Fliegen nur mit den Kräften der Natur? Ist es der Mangel an eigenen fliegerischen Möglichkeiten beim Ritt auf dem Feuerstrahl?«, will ich von ihm wissen. »Oh, wir konnten auch mit diesen Raketen eine ganze Menge fliegerisch tun. Apollo konnte 25 000 Meilen in der Stunde fliegen, wir konnten Rollen machen und Flips. Wir konnten uns sogar wie ein Segelflugzeug bewegen, das haben wir auf dem Mond bewiesen. Auch die Space Shuttle landen im Segelflug auf der Erde. Hier gibt es viele Ähnlichkeiten. Du fliegst, suchst Thermik, steigst, kämpfst mit der Natur und versuchst, eine gute Landung zu machen. Fliegen hier in dieser Landschaft erinnert oft auch an die Zeit auf dem Mond. Dort landeten wir zwischen Bergen, die höher waren als der Grand Canyon tief ist. Das gibt eine Vorstellung davon, wie spektakulär die Landschaft auf dem Mond ist, wie grandios aber auch hier um die Ranch die Berge und Täler sind.« Eugene Cernan schließt das Cockpit, der Motor des Schleppflugzeuges beschleunigt mit tiefen Brummen, dann strafft sich das Schleppseil. Der Mann vom Mond hebt ab, bleibt viele Stunden in der Luft, nur von den Kräften der Natur getragen, wird zu einem Teil dieser Natur, ihren Gewalten, ihrer Schönheit, aber auch ihrer Gefahren und Tücken.

Wo ist Federico?

Es ist einer der heißen, trockenen Tage auf der Ranch, an dem auch nachmittags die Hitze kaum nachlässt. Die Ruhe wird nur von Zeit zu Zeit vom Aufheulen des Schleppflugzeugmotors unterbrochen, wenn wieder eines der Segelflugzeuge hochgeschleppt wird. Die Sonne nähert sich der Bergkette, die die Ranch im Westen begrenzt. Der Himmel wechselt seine Färbung zu einem blassen Rosa und lange Schatten beginnen, über die Landschaft zu wandern. Aus dem Funkgerät ist manchmal einer unserer Freunde zu hören, der weit von der Ranch entfernt am blauen Himmel schwebt. Ich liege im Schatten der Bäume neben dem Pool und genieße die Ruhe.

Irgendwann beginnt das Telefon zu klingeln, aber niemand nimmt ab. Dann beruhigt es sich, um dann um so eindringlicher weiter zu läuten. Endlich nimmt jemand ab. Kurze Zeit darauf kommt Barron aus dem Haus und auf mich zu gelaufen. »Federico Blatter ist mit dem Twin-Astir außengelandet. Komm, wir suchen ihn«, ruft er. Jetzt kommt auch der Hubschrauberpilot und macht den Helikopter, der vor dem Haus im Garten parkt, startklar. Es gelingt mir noch, eine Hose und ein Hemd überzustreifen, dann beginnt sich der Rotor des Hubschraubers zu drehen.

Wo ist Federico?

Um einem amerikanischen Fernsehteam die Dreharbeiten zu erleichtern, sind die beiden hinteren Türen der Hughes 500 ausgehängt und die Sitze entfernt worden. Ich setze mich quer in den offenen Raum, und wenige Augenblicke später sind wir in der Luft. Ich frage nach dem Ziel unseres Fluges. »Keine Ahnung, irgendwo hinter der nächsten Hügelkette«, krächzt es aus dem Kopfhörer. Der Hubschrauber gewinnt immer mehr an Höhe, und es wird merklich kälter. Der Wind pfeift kräftig durch die beiden offenen Türluken. Mir wird kalt. Wir fliegen inzwischen fast tausend Meter über dem trockenen Wüstenboden, ich blicke durch die Türöffnung in die Tiefe und halte mich krampfhaft fest. Ob der Sitzgurt wohl hält, frage ich mich besorgt und überprüfe die Verschlussschnalle.

Schattenträume: Auf der Ranch des Hotelmagnaten trifft man fast jedes Gerät, das irgendwie fliegen kann. Vom Heißluftballon über Ultraleicht- und Segelflugzeuge bis hin zu den Business-Jets von Barron Hilton und seinen Gästen.

Der Hubschrauber überquert die erste Bergkette, die etwa 3000 Meter hoch aufragt. Die Sonne beginnt am Horizont zu versinken und es wird jetzt empfindlich kalt. Wir überqueren die zweite Bergkette – von Federico Blatter nichts zu sehen. Über Funk versuchen wir, die Ranch zu erreichen, keine Antwort. Wir sind schon zu weit weg. Kreuz und quer eilt die Hughes 500 über der Wüstenlandschaft hin und her. Keine Spur von Federico. Wir beschließen, in Carson City zu landen. In einem der Büros am Rande des Flugplatzes erfahren wir per Telefon nun eine genauere Beschreibung des Landeplatzes.

Der Mann, in dessen Büro wir hineingeeilt sind, schaut Barron Hilton prüfend an. »Kenne ich Sie nicht?«, fragt er und überlegt. »Wo habe ich Sie nur schon einmal gesehen?« Barron kramt in seiner Hosentasche. Wir brauchen Sprit für den Hubschrauber. Aber wir haben nicht genug Geld dabei. Unser Aufbruch war so überraschend gekommen, dass wir beide die Brieftaschen vergessen haben. Ich finde dreißig Dollar in meiner Tasche. Barron hat ungefähr die gleiche Summe bei sich. »Haben wir Kredit bei Ihnen?«, fragt der Mann, dem ein ganzes Hotelimperium gehört. »Mein Name ist Barron Hilton«, setzt er hinzu. Der Mann hinter dem Schreibtisch ist verblüfft und versichert sofort, dass wir jeden Kredit bei ihm hätten. »Sind Sie der Mann mit den Hotels?«, meint er dann. »Oh ja«, antwortet Barron, »die Dinger gehören mir.« Nach dem Auftanken sieht der Mann uns noch lange nach. Sein Glaube an Millionäre hat wohl ernsthaft gelitten.

Nach wenigen Minuten haben wir dann den Landeplatz gefunden. Es stellt sich heraus, dass wir zu weit im Süden gesucht haben. Als wir ankommen, ist Ted Schirtzinger, unser großartiger Schleppilot und Freund, schon mitten auf einem weiten Feld mit zum Teil hüfthohem Wüstengestrüpp gelandet. Er überlegt nicht lange und beschließt, den Twin-Astir von hier herauszuschleppen. Unmöglich, geht es mir durch den Kopf. Für Ted ist es jedoch eine leichte Übung. Er beschleunigt das Schleppflugzeug und beginnt, den Twin hinter sich herzuziehen. Beide machen heftige Sprünge und heben plötzlich ab.

Das schönste Bild der Flying-M-Ranch

Das schönste Bild der Flying-M-Ranch

Vielleicht ist es nicht ganz unser Tag. In sengender Hitze sind Fritz und ich mit dem Twin-Astir in den wolkenlosen Himmel gestartet. Schon während des Schlepps verdächtige Ruhe. Nach dem Ausklinken in 800 Metern Höhe tut sich nichts. Keine Böe, kein Aufwind. Erst in 250 Metern Höhe, schon fast in Vorbereitung einer Landung, gibt es leichte Turbulenzen. Ein vorsichtiger Suchkreis links. Noch immer leichtes Fallen. Dann ein paar Sekunden lang null und zeitweise ganz wenig Steigen. Wir versuchen, den ersten, zaghaften Aufwind zu zentrieren, so gut es geht. Die Sonne brennt durch die Plexiglashaube. Kleine Schweißperlen bilden sich auf der Stirn, wachsen zu größeren Tropfen zusammen und bald rinnt der Schweiß in dünnen Bahnen über Gesicht und Hals. Hemd und Hose kleben auf der Haut. Noch immer haben wir, wenn auch ganz langsam, Höhe verloren. Wir sind wohl etwas zu früh gestartet.

Von den Vortagen wissen wir, dass es jetzt darauf ankommt, sich noch ein klein wenig länger in der Luft zu halten, dann wird sich die Thermik bestimmt kraftvoll durchsetzen. Nur noch 200 Meter Höhe. Dann, endlich, zwar sehr schwaches aber immerhin gleichmäßiges Steigen. Mühselig und zäh arbeiten wir uns ganz langsam nach oben. Drei-, vier-, fünfhundert Meter Höhe. Endlich in 800 Metern, über der ersten Bergkante des Rabbit

Mountain, steigt das Flugzeug konstant mit einem Meter pro Sekunde. Geschafft! Jetzt erst fällt mir auf, dass Fritz längere Zeit nichts gesagt hat. Nun aber meldet er sich zu Wort. Sein kurzer Satz: »Mir ist schlecht, ich glaube, wir müssen runter.«

Da hilft nichts, Luftbremsen ausfahren, Geradeausflug. Ruhig, aber doch in merklichem Winkel, geht es steil nach unten. In kaum zwei Minuten ist die ganze Höhe wieder weg, die wir in einer Dreiviertelstunde schweißtreibend gewonnen hatten. Platzrunde, Gegenanflug zur Landung. Da lässt sich Fritz wieder hören: »Du, jetzt geht's mir wieder gut, können wir obenbleiben?« Es klappt wirklich. Aber der zweite Aufstieg bis über die Hangkante dauert fast ebenso lange wie das erste Mal. Dann aber geht's wie verrückt. Drei, vier, fünf Meter pro Sekunde Steigen. Über uns bilden sich wie aus dem Nichts Quellwolken, werden dick und rund. In 3000 Metern Höhe ist die Temperatur angenehm frisch, wir fühlen uns frei und glücklich, springen von Wolke zu Wolke und finden unter fast jeder problemlos herrliches Steigen. Um uns herum entstehen jetzt auch größere Wolkentürme, die mächtig nach oben schießen.

Zu schnell geht alles. Kaum eine Stunde später sehen wir den ersten Schauer. Der Regen fällt in dichten Bändern, erreicht den Boden aber nicht. Die heiße Wüstenlandschaft lässt noch auf halber Fallstrecke alles verdunsten. Die Wolkenbasen sind unterschiedlich hoch. Wenn wir es geschickt anfangen, können wir die niedrigen Wolken übersteigen. Herrlich, wie im Rausch, leicht und spielerisch genießen wir, Fritz geht es blendend, was die Natur uns schenkt. Übermütig stürzen wir uns über niedrige Wolken, ziehen neben ihnen wieder hoch und kurbeln im nächsten Aufwind mit ein paar Kreisen wieder auf die Ausgangshöhe.

Ein größerer Schauer neben uns bildet einen wunderschönen Regenbogen. Wir fliegen den Schauer entlang. Der Regenbogen begleitet uns auf der rechten Seite. Er scheint über die Landschaft zu wandern. Über dem Tal des East Walker River spannt er sich vor dem Hintergrund des gut zwanzig Kilometer entfernten Mount Grant. Der Bogen wird deutlicher vor dem dunklen Abhang des großen Berges. Er wird aber nicht nur klarer, sondern wächst auch an seinen unteren Enden, wird immer größer, ragt mehr und mehr ins Tal hinein und schließt sich endlich unmittelbar über der Flying-M-Ranch zu einem riesigen, herrlichen Kreis.

Feuer frei: Tom Enders und Ralph Cosby im Ballonkorb. Wegen der besonderen Thermikbedingungen auf dem Gebiet der Ranch, können die aufwindempfndlichen Himmelsgefährten nur ganz früh morgens, nach der Morgendämmerung starten.

Wie schön, wie gewaltig und großartig kann die Natur in dieser wilden Landschaft sein! Wir brauchen eine Weile, um uns zu fassen. Dann beinahe ein Freudentaumel, dass es so etwas überhaupt gibt. Welches Glück, dass wir gerade rechtzeitig an diese Stelle geflogen sind. Wie lange wird man dieses Wunder wohl sehen können? Sicher nur kurze Zeit, wenn die Wolken sich nur ein klein wenig verschieben, kommt die Sonne nicht mehr durch. Wenn der Schauer nachlässt, ist's ebenfalls mit dem Bogen vorbei. Sobald es aus der Wolke über uns zu regnen beginnt, können wir unsere Position nicht mehr halten. Über Funk geben wir den anderen Piloten Bescheid und versuchen, die inzwischen gestarteten Segelflieger zu uns zu dirigieren.

Wo ist der Fotoapparat? Eigentlich habe ich bei den Flügen von der Ranch immer eine Kamera mit Weitwinkelobjektiv dabei. Nicht so heute. Sie ist am Start geblieben. Fritz hat seinen Apparat im Haus ... Und die anderen? Ja, zwei Piloten haben ihre Kameras dabei. Es gibt einen Kauderwelsch im Funk: »Wo genau ist das?« – »Seht ihr uns?« – »Ihr müsst über uns sein.« – »Da ist ein kurzer Bogen südlich der Ranch, hattet ihr den gemeint?« Erklärungen folgen, unter anderem, dass ein Regenbogen nicht ortsfest ist und dass jeder Beobachter einen eigenen Bogen sieht. Auf die Flugzeugposition kommt es an. »Ja, wir sehen euch, aber ihr seid zu tief! Sucht erst Thermik.« »Wo ist Ted? Wo der Hubschrauber? Kann Hannes nicht mit der Schleppmaschine einige Fotografen hochfliegen?«, frage ich. Der Hubschrauber ist beim Forellenfischen, das Schleppflugzeug hat momentan gerade zu wenig Flugbenzin und muss erst betankt werden.

Noch immer steht der Bogen in voller Pracht. Zwei, drei Segelflieger haben es geschafft und genießen mit uns den phantastischen Anblick. Der eine Fotoapparat aber klemmt, im anderen ist kein Film. Inzwischen ist der Hubschrauber zurück, Hannes mit dem Tanken des Schleppflugzeuges fertig, Kameraleute steigen in aller Eile ein, und bald sind beide Flugzeuge in der Luft. Der Hubschrauber steigt schneller. Er sucht an der falschen Stelle. Wir fliegen zu ihm hin und empfehlen ihm, uns zu folgen. Tatsächlich, der Regenbogen ist noch da, wenn auch schon etwas verblasst. Doch, wo ist der Hubschrauber? Warum, weiß ich auch heute noch nicht, aber er hat uns aus den Augen verloren. Unsere Fotografen fliegen – mit perfektester Fotoausrüstung – am Ziel vorbei. Hannes ist noch im Steigflug. Er fliegt genau die richtige Stelle an, hat uns in Sicht und – kommt knapp eine Minute zu spät.

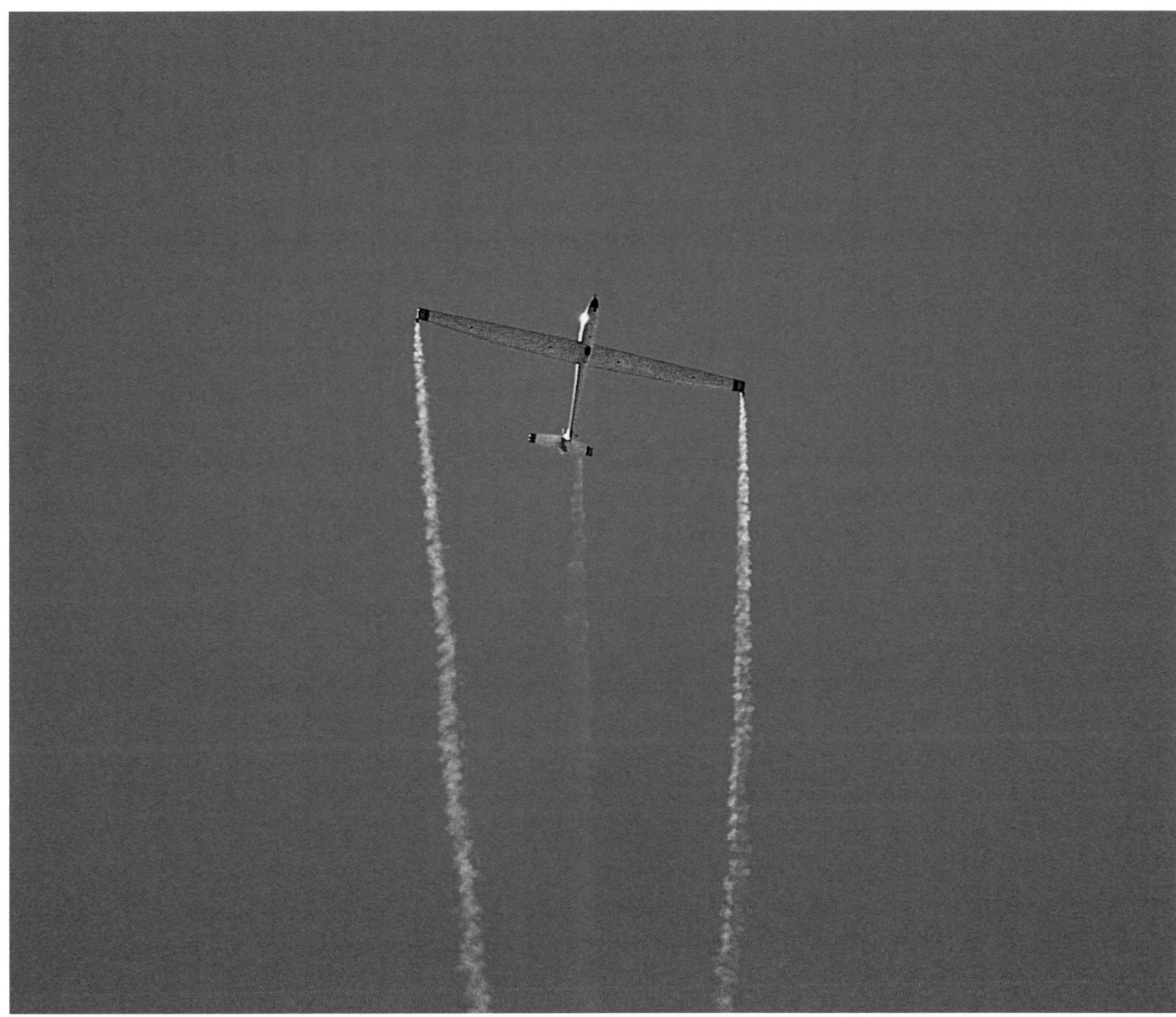

Himmelsspiele: Ist das Wetter einmal nicht ideal zum Streckenflug – was auf der Ranch allerdings nur selten vorkommt – dann nutzen manche der Piloten die Zeit, um mit ihren Flugzeugen Figuren in den Himmel zu malen.

Ein Aufwind, der sich südwestlich von uns gebildet hat, ließ eine Quellwolke entstehen, die sich nun wachsend vor die Sonne schiebt und das ganze Schauspiel abrupt beendet. Ein herrliches Erlebnis für die, die es gesehen haben, aber leider durch kein einziges Foto dokumentiert. Ein prachtvolleres hätte es von der Ranch nicht geben können, hätten wir Barron nicht schenken können. Es bleibt in unserer Erinnerung. Nur dort.

Gestrandet in 3300 Metern Höhe

Vieles auf der Flying-M-Ranch ist ungewöhnlich. Kojoten streichen nachts um das Gelände, mitten durch die braune Wüste schlängelt sich das grüne Band des Walker River, in dem die Fische außerordentlich groß und fett werden. Abends taucht die Sonne den Himmel immer wieder in ein unglaubliches, rotes Inferno. Auch beim Segelfliegen ist alles anders. Schon der Start zu den Luftrennen findet in großer Höhe statt. Helmut Reichmann kam auf die Idee, das Starttor nicht wie üblich am Flugplatz aufzubauen, sondern in über 3000 Metern Höhe am Mount Grant, der fast 4000 Meter hoch neben der Ranch emporragt.

Sollte ein Bergwanderer mühsam versuchen, den Gipfel zu erreichen, könnte er einige Überraschungen erleben. Er fände ein an den Rändern mit Steinen beschwertes Bettlaken, durch Steinbrocken gesicherte Stühle und vielleicht sogar eine Flasche echten Champagner. Wir haben sie 1988 dort deponiert. Auf den Mount Grant führt keine Straße. Um dort ein Starttor aufzubauen, müssen kurzfristig eine Menge Material und auch Menschen auf den Berg gebracht werden. Barron Hilton stellte dafür seinen Hubschrauber zur Verfügung. Dass die Technik aber auch ihre Tücken haben kann, erlebten wir am 24. Juli 1988. Das Wetter war an diesem Tag für Rekordflüge sehr vielversprechend. Die Wettervorhersage prophezeite »Hammerwetter«.

Wir beschlossen, das Startgate zu aktivieren. Der Hubschrauberpilot, der Menschen und Material dorthin bringen sollte, war David Kitchings, ein Flying Sheriff der Aero Police in Los Angeles. David ist sicher der Mann, der die Stimmung und das Miteinander auf der Flying-M-Ranch am treffendsten beschrieben hat. Er war für einen erkrankten Hubschrauberpiloten von einem Tag auf den anderen eingesprungen und hatte vorher nur erfahren, er würde auf der Ranch des Hotelkönigs Hilton gebraucht. Nach seiner Ankunft fühlte er sich unter all den weltmeisterlichen Piloten, den Astronauten und Filmschauspielern ziemlich unwohl und deplatziert.

Wer ist schon David Kitchings? – ging es ihm durch den Kopf, wie er mir später erzählte. Dann setzte er sich abends mitten in die bunt gewürfelte Gesellschaft. Was dann passierte, hat mir David später nicht ohne Begeisterung erzählt. Sein unnötigerweise gestörtes Selbstwertgefühl wurde dabei sofort wieder aufgerichtet. »Mann«, sagte er zu mir, »keiner wollte wissen, wer ich war oder woher ich kam. Das einzige, was interessierte, war: Was fliegst du denn?« Damit war David in die Gemeinschaft der Flug-Enthusiasten aufgenommen.

Vom großen fliegerischen Können David Kitchings auch während seiner polizeilichen Flüge hat er mich 1989 zweimal überzeugt, als er mich auf Flügen quer durch die Wolkenkratzerschluchten von Los Angeles mitgenommen hat. Auf der Flying-M-Ranch waren die Flüge ganz anders, aber nicht minder spektakulär. Mit zwei Flügen hatte David fünf Personen auf den Mount Grant geflogen, die nun vom Campingstuhl aus den blauen Himmel beobachteten. Leider wurden die Erwartungen nicht erfüllt. Die Überentwicklung der Wolkengebilde setzte schon früh ein. Viel eher als erwartet kamen die Flugzeuge nach Hause.

Der Himmel begann in einem der kaum zu beschreibenden Sonnenuntergänge zu glühen. Die Farben wechselten von Gelb zu Orange, der ganze Himmel wirkte, als sei er in Brand geraten. David startete den Hubschrauber und flog in Richtung Mount Grant. Etwa zwei Meilen nach dem Start, über dem ersten Höhenzug, zeigte ihm eine Warnlampe einen ernsten technischen Defekt am Hubschrauber an. Die Batterie unter dem Pilotensitz war zu heiß geworden und drohte zu explodieren. David setzte zur Notlandung an. Bevor er sicher im unwegsamen Gelände aufsetzte, gab er rasch noch einen Funkspruch in Richtung Ranch ab, der natürlich auch am

Startgate aufgefangen wurde und Beunruhigung auslöste. Jack Hedger, unser nimmermüder Ranger, startete eine Hilfsaktion für den in der Wüste Notgelandeten. Wir vertrösteten inzwischen die in über 3000 Metern Höhe Gestrandeten.

Es war klar, dass etwas geschehen musste, denn in dieser Höhe war nachts mit Temperaturen von null Grad und darunter zu rechnen. Wir beschlossen, einen Hilfsflug zu organisieren und warme Kleidung und Decken zum Mount Grant zu transportieren. Hugh Williams, ehemaliger Flugkapitän mit 20 000 Flugstunden, war der richtige Mann für das luftige Unternehmen. In der Zwischenzeit hatte sich David auf den langen Fußweg durch das schwer begehbare Gelände in Richtung Ranch gemacht. Als er am Walker River angelangt war, beschloss er, seine Kleidung auszuziehen und nackt durch den eiskalten Gebirgsfluss zu waten. Da ihm das Wasser beim Durchqueren des Flusses bis an den Hals ging, band er sich sein Kleiderbündel auf den Kopf und hielt seine 400-Dollar-Boots mit hochgestreckten Armen über sich. Der Weg durch das kalte, stark strömende Wasser war schwierig, und David war sehr erleichtert, als er am anderen Ufer ankam. Um so größer war sein Schock, als er feststellen musste, dass sein Retter im selben Moment auch am Ufer ankam, leider aber auf der anderen Seite. Es gab keine andere Möglichkeit. David musste den Weg durch den Fluss noch einmal machen, nackt und mit seinen Stiefeln über dem Kopf.

Auf dem Gipfel des Mount Grant waren inzwischen nicht nur die Temperaturen, sondern auch die Stimmung in der Nähe des Gefrierpunktes angelangt. Hugh Williams überflog die Stelle unterhalb des Gipfels, drehte eine weite Kurve und nahm erneut Kurs auf die winkenden Leute in luftiger Höhe. Hannes Linke, der den amerikanischen Teil des Barron Hilton Cup organisiert, saß hinten bei den Hilfsgütern und wartete auf das Kommando: »Güter raus!« Dann flog das erste Paket und landete zielgenau. Leider überlebten die eingepackten Apfelsinen und Äpfel den Sturz nicht unbeschadet. Sie waren nicht mehr eßbar, dafür dufteten aber die Decken, in die sie gewickelt waren, intensiv nach zerquetschten Früchten. Im Laufe der Nacht haben wir dann alle zwei Stunden mit den Freunden auf dem Berg Funkkontakt aufgenommen. Es wurde zwar empfindlich kalt, aber unsere unfreiwilligen Einsiedler überstanden alles unbeschadet.

129

Der große Tag

Meine Schwester Susanne »Sus« hat schon vielen Segelfliegern selbstlos geholfen und ist doch selbst keine Fliegerin. Es geht nicht. Ihr wird nach kurzer Zeit schlecht. Da hilft auch nicht, dass sie das Fliegen ansonsten wunderschön findet. 1986 konnte ich mich für ihre viele Hilfe revanchieren und sie als Begleitperson zum Soaring-Camp mitnehmen. Die Begeisterung war vollkommen: Die grandiose Landschaft, Reiten durch die Wüste, die freundschaftliche Atmosphäre in erlesener Gesellschaft, die herrliche Natur. Ja, und einmal aus dem Segelflugzeug die Umgebung zu erleben – wenn auch wohl nur kurz – war auch vorgesehen. Meist aber flog ich mit einzelnen Gruppen relativ weite Strecken, oft auch im Einsitzer, so dass ich Sus nicht mitnehmen konnte. Ein Tag schien jedoch für den geplanten gemeinsamen Flug zu passen. In unserem Flugzeug-Wahl-System hatte ich die letzte Losnummer gezogen. Das bedeutete, dass die besonders guten Flugzeuge längst vergeben sein würden, wenn die Reihe an mir wäre. Dann bliebe sicher nur noch ein Übungsdoppelsitzer, mit welchem schnelle, gemeinsame Flüge in Gruppen ohnehin kaum möglich sind. An diesem Tag also könnte Sus es noch einmal mit einem kurzen Segelflug probieren.

Am Morgen große Aufregung. Hannes hat von Doug Armstrong, dem erfahrenen Wettermann aus Reno, eine sehr gute Wettervorhersage erhalten. Im vorgezogenen Briefing gegen acht Uhr ist von gemütlicher Frühstücksidylle nichts mehr zu spüren. Das Streckenfieber hat die Segelflieger gepackt. Wird es gehen? Kann man versuchen, große, sehr große Streckenflüge anzusetzen? Wer würde versuchen wollen, die Traumstrecke 1000 Kilometer anzugehen? Rasch werden Entscheidungen getroffen, Flugzeuge entsprechend der Los-Reihenfolge vergeben, Flugkarten, Lineale und Winkelmesser bedecken den großen Tisch. Hektik überall. Für Sus und mich verbleibt der Twin-Astir, ein Übungsflugzeug der ersten Kunststoff-Doppelsitzergeneration, immerhin aber mit Wassertanks und Einziehrad. Diesen Twin will wohl auch deshalb niemand auswählen, weil die Steuerung sehr schwergängig ist, und das Flugzeug aus irgendwelchen Gründen nach rechts zieht, so dass man ständig mit merklicher Kraft den Knüppel nach links drücken muss.

Nachdem ich mich bemüht habe, möglichst viele Piloten der Gruppe zu überzeugen, dass dies der Tag für 1000 Kilometer ist und man es einfach probieren muss, ernte ich freundliche Anteilnahme für die Tatsache, dass ich selbst wohl leider nicht mit kann. Natürlich nagt so etwas an der Seele eines Wettbewerbspiloten. Eine orografisch geradezu ideale Streckenführung bietet sich von der Ranch aus an: Flug zum Parkplatz des Passes östlich von Keeler am Owens Lake, gut 250 Kilometer entfernt, Rückflug nach Norden zum Mount Grant Gate, unmittelbar neben der Flying-M-Ranch, dann erneut nach Keeler zu einer Straßenkreuzung und zurück zur Ranch. Die Strecke ist längst zu Hause vorbereitet worden. Sechs Piloten wollen jetzt versuchen, diese Idee zu verwirklichen. Eine der besten Segelflug-Rennstrecken der Welt, die Kette der White Mountains und der Inyo-Berge östlich des Owens Valley würde man viermal entlangjagen müssen oder vielmehr dürfen – die anderen – nicht ich.

Nein, das kameradschaftliche Angebot, ein besseres Flugzeug zu fliegen, will ich nicht annehmen. Schließlich bin ich hier, um das Camp für die Sieger des Cups so erfolgreich wie möglich zu organisieren. Jeder soll dann auch das Flugzeug fliegen, welches er gewählt hat. Und Sus habe ich einen gemeinsamen Flug versprochen. Aber was bringt eigentlich so ein älterer Twin-Astir? Mit ausreichendem Wasserballast sollte er doch recht ordentlich gleiten. Das Steigen müsste dann wohl eher ziemlich mäßig sein. Aber wenn das Wetter wirklich so gut wäre? Unsinn, noch nie hat jemand mit einem Flugzeug dieser Kategorie eine solche Strecke auch nur angesetzt. Und trotzdem, vielleicht sollte man es einfach probieren, auch wenn es so gut

133

Die Piloten auf der Ranch wachsen bereits nach kurzer Zeit zu einer großen Gemeinschaft zusammen, egal ob Segelflieger, Schleppflugzeug- oder Helikopter-Pilot.

wie sicher ist, dass man die Aufgabe nicht erfüllt und irgendwo abbricht oder außenlandet. Was wird Sus meinen? Ich könnte ja auch noch morgen mit ihr fliegen. Sus aber hat ihre Entscheidung rasch und fest gefällt: »Wenn du die 1000 Kilometer probieren willst, versuch's. Ich komme mit. Irgendwie wird es schon gehen. Ich habe sehr gute Reisetabletten und werde auch genügend Tüten mitnehmen. Für alle Fälle. Ja, auch wenn's zehn Stunden dauert, auch wenn wir in der Wüste landen müssen.«

Eigentlich gibt es für mich jetzt keinen Grund mehr, es nicht zu versuchen. Ob ich das gut finden soll, weiß ich selber nicht. Eilig packen wir alles zusammen, was man für einen solchen Flug braucht. Für Sus jede Menge warmes Polstermaterial, damit sie es auf dem wenig ergonomisch geformten zweiten Sitz aushalten kann. Die Sauerstoffflaschen sind schon gefüllt, Karten rasch vorbereitet. Bill Ivans gibt uns die Koordinaten für die Wendepunkte, Karl Herold hilft beim Ausfüllen der Declaration-Form. Bald steht unser Twin startbereit am Rand der Piste. Nur, was ist mit dem Wetter? Es geht auf halb elf und noch immer kein Wölkchen am Himmel und keine Bö am Boden, die den Beginn der Thermik anzeigen würde. Niemand will in die Luft. Kurz nach elf starten wir als erste. Wenn es wirklich noch keine Thermik gibt, ist es ohnehin zu spät, falls es doch geht, wird es auch für die anderen höchste Zeit.

Es gibt zwar schwachen Aufwind, aber Ted hat uns weit nach Norden geschleppt und wir haben Mühe, die Ranch als Abflugpunkt in ausreichender Höhe zu erreichen. Sehr mühselig und langwierig steigen wir an den Flanken des Mount Grant auf. Die hohe Flächenbelastung stört doch sehr, aber das Wasser jetzt aus den Tanks abzulassen, hieße, gleich aufzugeben. Sus findet alles sehr spannend. Die Weite der Wüstenlandschaft, durch die sich wie ein schmales, grünes Band der East Walker River schlängelt, begeistert ihr Geografenherz. Im Gesicht aber sieht sie etwas bleich aus. »Das macht nichts«, meint sie, »das vergeht wieder, es ist so schön hier!« Nun, so ohne weiteres geht es dann doch nicht. Die erste Tüte bleibt am Mount Grant. Inzwischen sind unter anderem Klaus Wedekind mit dem Standardklasse-Einsitzer Pegase und Peter Fischer mit dem Flaggschiff, einem Nimbus 3, gestartet. Sie haben bessere Aufwinde gefunden und fliegen bereits vor uns auf Strecke. Gut eine Stunde nach unserem Start sind wir endlich oben. In 3500 Metern Höhe haben sich Wolken gebildet, und es geht zügig fünfzehn Kilometer östlich des Mono Lake vorbei. Weitere Aufwinde nehmen wir zunächst nicht an. Mit verminderter Fahrt werden sie geradeaus durchflogen.

Wir wollen direkt, ohne Zeitverlust, zu den White Mountains. In halber Berghöhe kommen wir dort an. Es kostet zwar Nerven, aber wenn wir überhaupt noch eine Chance haben wollen, müssen wir einen sehr hohen Schnitt fliegen. Das Kreisen bei »nur« zwei oder drei Metern pro Sekunde Steigen hält zu lange auf. Wir fliegen die Bergflanke entlang und hoffen, in der Hangthermik auch ohne Kreise hochzukommen. Diese Flugtechnik kommt auch Sus sehr entgegen. An ihrem Gesicht lässt sich jeweils ablesen, ob die letzte halbe Stunde geradeaus geflogen wurde – fast normale Gesichtsfarbe, leichtes Lächeln, glückliche Augen, frohe Kommentare – oder ob gekreist wurde … Nach fast fünfzig Kilometern Geradeausflug und 1000 Meter Höhengewinn reißt uns ein harter thermischer Aufwind mit über fünf Metern pro Sekunde Steigen nach oben. Arme Sus, den können wir uns nicht entgehen lassen, hier müssen wir kurbeln.

Vom Langstreckenflug zurück, ist das Flugzeug auf die Ranch zurückgekehrt.

Das zur Verbesserung der Gleiteigenschaften in die Ballasttanks eingefüllte Wasser muss vor der Landung abgelassen werden.

Folgende Seite:
Der Heißluftballon des Schweizers Erich Nebel über der Ranch: Dieses farbenprächtige Himmelsgefährt ist ein Nachbau des ersten Ballons der Brüder Montgolfier aus dem Jahre 1783.

135

Oberhalb 4000 Meter Höhe ziehen wir die Sauerstoffmasken aufs Gesicht. Alles geht so schnell, dass Sus gar keine Zeit hat, luftkrank zu werden. Unter herrlichen Wolken fliegen wir mit hoher Geschwindigkeit der ersten Wende entgegen. Von Sus höre ich längere Zeit nichts. Hoffentlich gibt es kein Problem mit der Sauerstoffversorgung. Ich frage sie laut, wie es ihr geht. Gut, meint sie, sie habe nur etwas geschlafen. »Weißt du, die Reisetabletten. Bin sehr müde und es ist kalt.« Die Kälte spüre ich auch immer unangenehmer. Die Temperatur muss hier oben deutlich unter dem Gefrierpunkt liegen, und es bläst eisig durch die Ritzen des Cockpits. Außerdem zieht der Twin bei hohen Geschwindigkeiten noch stärker nach rechts, so dass ich ständig den Steuerknüppel nach links drücken muss. Mein rechter Arm wird steif. Zur Erholung steuere ich linkshändig, dann mit beiden Händen, immer im Wechsel. Die Fliegerei aber ist so phantastisch, dass die körperlichen Unpässlichkeiten zur Nebensache werden. Peter und Klaus haben längst gewendet, wir sehen uns von weitem und begrüßen uns über Funk. Jeder fliegt über 200 Stundenkilometer schnell, so dass wir kurz darauf mit fast 500 Kilometern pro Stunde Relativgeschwindigkeit übereinander hinwegrasen.

Das Umrunden der Wenden scheint für Sus besonders problematisch zu sein. Je Wende eine Tüte. Die zweite Wende am Mount Grant ist die schlimm-

ste. Wie schon zuvor bei Keeler kommt erst mein »Weckruf«, denn Sus bedient von hinten die zweite Kamera zur Dokumentation des Fluges. Vielleicht habe ich zu knapp hochgezogen, das Flugzeug dreht steil über den Flügel, fast wie im Turn und Sus verpasst den richtigen Sekundenbruchteil für das Auslösen. Also nochmal das Ganze. Sus leistet Großartiges: erst das Wendefoto, dann eine Sekunde darauf die Tüte (nicht umgekehrt und noch eben rechtzeitig). Vielleicht aber ist es eine noch größere Leistung, dass sie anschließend meint, ich solle auf jeden Fall weiterfliegen, falls noch eine Chance bestünde. Also, nach über 500 Kilometern Strecke wieder weg von der Ranch, ein zweites Mal nach Keeler. Und das, obwohl ich angeboten hatte, die Bremsklappen zu ziehen, um zehn Minuten später mit ihr unten auf warmem und vor allem festem Boden zu stehen, auszuruhen und sich verwöhnen zu lassen.

Peter ist inzwischen mit dem Nimbus weit voraus. Unser Abstand zu Klaus aber bleibt konstant. Klaus steigt offensichtlich viel besser, aber mit dem Twin sind wir bei langen Gleitflügen offenbar gar nicht so schlecht. Doch die Zeit läuft uns davon. Es wird 17 Uhr, wir sind weit vor der letzten Wende und haben noch gut 350 Kilometer zu fliegen. Eigentlich unmöglich. Im Funk melde ich, dass wir wohl abbrechen werden. Peter, der längst auf dem letzten Schenkel fliegt und absehen kann, dass er die Strecke wohl schaffen wird, hat einen umwerfenden Optimismus und meint: »Wie? Aufgeben wollt ihr? Mensch, wie konntest du mit dieser Einstellung eigentlich Weltmeister werden?« Das sitzt. Gut, denke ich, eine Außenlandung ist ja auch mal ganz interessant. Okay, wir fliegen weiter! Um 18.15 Uhr endlich umrunden wir Keeler. Noch 250 Kilometer zu fliegen. Die Thermik wird schwächer. Bis zum Flugplatz Bishop wird es wohl reichen. Sus erlebt diesen Flugteil recht unterschiedlich. Teils unbewusst, weil schlafend, teils begeistert wegen der glasklaren Abendluft mit unendlicher Fernsicht über die Sierra Nevada im Westen, das Owens-Valley links neben uns, die menschenleeren Berge unter uns (leider auch bald neben uns) und die unwirtliche Trockenwüste weit im Osten. Ja, und dann die dritte Art des Erlebens. Immer, wenn ich froh bin, einen Aufwind gefunden zu haben, beginnt für Sus der unangenehme Teil. Auch Reisetabletten in Mengen wirken eben nicht hundertprozentig.

Konventioneller Streckenflug. Wir kreisen in Aufwinden und setzen die gewonnene Höhe abwärts gleitend in Flugstrecke um. Links von uns jetzt

137

die Stadt Bishop mit ihrer einladenden Asphaltpiste. Immerhin ist es 19 Uhr. Aber man kann ja mit der verbleibenden Flughöhe noch etwas weiter nach Norden fliegen. Vielleicht bis Benton Station. Unterhalb des White Mountain Peak dann die Überraschung. Trotz der späten Tageszeit finden wir noch gutes Steigen. Die Sonne steht schon tief am Horizont. Dies ist ganz bestimmt der letzte Aufwind. Über uns lösen sich bereits die Reste der letzten Quellwolke auf. Wir versuchen so hoch zu kommen, wie nur irgend möglich. Gut einhundert Kilometer ist die Flying-M-Ranch von hier entfernt. Können wir soweit über die Wüste, über teilweise absolut unlandbares Gelände gleiten? Jetzt im Endanflug habe ich meine schwerste Zeit. Alternativüberlegungen, Endanflugberechnungen, ständige Kontrolle der Resthöhe, Versuche, über straßenloser Wüstenlandschaft die Position genau zu bestimmen. Wird es reichen? Wo können wir noch landen, wenn Abwind die Höhenreserve aufzehrt? Welches ist das allerletzte Notlandefeld? Wird es nicht zu dunkel?

Sus geht es jetzt blendend. Endlich ist der Flug ganz ruhig. Sie ist bester Laune und genießt Sonnenuntergang und Dämmerung. Je tiefer wir kommen, desto wärmer wird es ihr auch wieder. Mir aber ist schon seit längerem ziemlich warm. Nach Peter hat es jetzt auch Klaus geschafft. Er ist kurz vor der Ranch und gibt noch wertvolle Tips, wo großräumig im Endanflug die Luft noch etwas trägt und wo mit verstärktem Fallen zu rechnen ist. Hannes kommt uns mit dem Motorflugzeug entgegen. Er hat die Landescheinwerfer eingeschaltet. Dies ist das einzige künstliche Licht, das wir sehen können. Die Wüste ist wirklich sehr einsam. Wir verspüren es hautnah in unserem motorlosen Flugzeug, das unweigerlich ständig sinkt.

Die Berge scheinen langsam, aber stetig neben uns zu wachsen. Wir tauchen in die Talluft ein, unter uns wird es zunehmend dunkler. Sterne beginnen am Himmel zu leuchten. Hoffentlich haben wir die Natur nicht zu sehr herausgefordert. Wir überfliegen das letzte Landefeld, einen runden, bewässerten Fleck, 27 Kilometer vor der Ranch. Jetzt gibt es absolut keine Landemöglichkeiten mehr, bis auf einige kaum empfehlenswerte Stücke unmittelbar vor der Piste. Der Berechnung nach müßte die Höhe eigentlich reichen. Die Ranch bleibt außer Sichtweite. Hannes begleitet uns, bestätigt, dass der Flugkurs richtig ist. Ziemlich niedrig überfliegen wir rauh-zerklüftete Erosionslandschaft, gleiten weiter und tiefer. Hinter den übernächsten Hügeln liegt die Ranch.

Aus großer Höhe laden die sanft geschwungenen, weiten Ebenen fast zur Außenlandung mit dem Segelflugzeug ein, aus niedriger Höhe entpuppen sie sich jedoch meist als steinig. Auf solchem Grund kann man mit Glück vielleicht verletzungsfrei, aber nur selten bruchfrei landen. Es sei denn, man benutzt den Hubschrauber ...

Die Flughöhe sollte ausreichen, diese fehlende Strecke noch zu fliegen. Es scheint genug zu sein. Ja, jetzt hinter den nächsten Hügeln: die Lichter der Ranch. Es reicht ganz sicher. Wir haben es geschafft! Noch in der Luft beglückwünschen wir uns, Sus und ich. Um 20.31 Uhr, nach neun Stunden und fünfzehn Minuten Flugzeit landen wir – und werden mit Sekt übergossen. Barron ist nicht minder glücklich als wir: All the gliders are home, dreimal tausend Kilometer!

Eigentlich ist es unwesentlich, aber einen ironischen Pfiff hat es doch: Unser Flug konnte nicht offiziell als 1000-Kilometer-Leistung anerkannt werden. Einfacher Grund, nur einsitzige Flüge werden gewertet. Wenn ich noch einmal die Gelegenheit hätte – ich würde im Doppelsitzer wieder doppelsitzig fliegen. Das Erlebnis des Fluges ist wichtiger als die sichtbare Auszeichnung.

Ein Fisch fliegt nach New York

Roger Schuster ist groß, blond und dynamisch. Er hat einen Gang wie John Wayne, fliegt Hubschrauber mit spielerischer Routine und angelt mit Leidenschaft und Erfolg. Jetzt stand er bis zu den Knien im Wasser und zog mit aller Kraft und Verzweiflung an seiner Angel. Hier kämpfte wohl ein gewaltiger Fisch um sein Überleben. Roger wurde nach vorne gezogen, wäre fast ins Wasser gestürzt, zog die Angel wieder an sich heran, die Kräfte des Fisches ließen nach. Der Kampf begann erneut, aber der Fisch hatte verloren. Roger Schuster hatte ein außergewöhnliches Exemplar einer East-Walker-River-Forelle am Haken, sicher eine der größten, die hier je gefangen wurde. Alle bewunderten seinen Fang, aber nein, für die Pfanne wollte er ihn nicht freigeben. Er hatte Größeres mit ihm vor.

Am nächsten Morgen sitzen wir mit Roger in der Turbo Commander Barron Hiltons und sind auf dem Weg nach Los Angeles. Roger hat ein kleines mobiles Telefon in der Hand und telefoniert. »Hey Jimmy, hast du heute abend Zeit? Es gibt ein tolles Essen bei mir, ich habe den größten Fisch des Jahres auf der Barron Hilton Ranch gefangen. Unbelievable«, hören wir ihn ins Telefon sagen. Roger lächelt zufrieden. Das ist schon die zehnte Zusage zu seiner Fisch-Party. Dann hält er das Telefon wieder ans Ohr. »Hi, Susan, was treibst du heute abend? Hast du Zeit. Kannst du kommen? Es gibt köstlichen Fisch aus dem East Walker River, ich habe den größten Fisch aller Zeiten aus dem Wasser gezogen!« Roger zeigt mit beiden Händen die Größe seines Fisches. Der ist von Telefonat zu Telefonat größer geworden – und er wächst weiter. »Du hast Zeit? Prima! Bring Hunger mit!«

Unser Flugzeug schwebt inzwischen über der gewaltigen Häuseransammlung, die Los Angeles heißt. Besonders Nachtanflüge sind hier sehr eindrucksvoll. Ein Lichtermeer breitet sich aus, die Straßen sind wie mit dem Lineal gezogene Lichtreihen, viele Häuser haben grün angestrahlte Swimming-Pools. Dann legt sich die Turbo Commander in eine scharfe Rechtskurve und Hugh Williams, langjähriger Pilot Barron Hiltons, drückt die Maschine sanft, aber bestimmt nach unten. Wir setzen auf der Runway des Flughafens von Santa Monica auf und rollen aus. Hugh öffnet den Laderaum, und wir ziehen unser Gepäck heraus. Plötzlich hören wir einen erschreckten Ausruf. Roger Schuster steht nervös vor der Laderaumluke. »Wo ist mein Fisch?«, hören wir ihn murmeln. Alle Koffer stehen inzwischen vor dem Flugzeug, der Laderaum ist leer, kein Fisch ist zu sehen.

Roger schaut beschwörend in den dunklen, leeren Raum. Als könnte er den Fisch damit hineinzaubern. Aber kein Wunder geschieht. Der Fisch bleibt verschwunden. Der stolze Angler greift zum mobilen Telefon und wählt die Nummer der Ranch. Hektisch fragt er nach Barron Hilton. »Barron, hast du eine Ahnung, wo mein Fisch ist?« Auch aus der Entfernung ist das Lachen von Barron zu hören. »Du hast deinen Fisch verloren?«, hören wir seine Stimme. »Unglaublich, er hat seinen Fisch verloren«, hören wir dann. Das gilt wohl den Umstehenden auf der Ranch. Dort wird in der Zwischenzeit der verlorengegangene Wunderfisch gesucht. Er bleibt verschwunden.

Dann stellt sich heraus, was passiert ist. Beim Beladen des Flugzeuges hat man aus Versehen den Behälter mit dem in Eis verpackten Fisch in ein anderes Flugzeug geladen. Das ist allerdings inzwischen längst auf dem Weg nach New York mit dem Fisch, auf den in Los Angeles unser Freund Roger und rund fünfzehn Gäste voller Appetit warten. Wohl vergeblich, wie Roger nun voller Schrecken feststellen muss. Der Fisch ist auf dem Weg nach New York. Mit 800 Kilometern in der Stunde, unaufhaltsam. Roger nimmt sein mobiles Telefon und beginnt hastig zu wählen. »Hi Susan«, hören wir ihn murmeln, »es geht um die Einladung heute abend, wie es scheint ...« Er

Petri Heil: Der Astronaut Eugene Cernan (l) hat sein Abendessen im East Walker River »gefunden«. Neben dem Fliegen in jedweder Form, gehört das Angeln und die Jagd zu den vielfältigen Freizeitmöglichkeiten auf der Ranch.

wählt noch eine ganze Weile und beginnt, seine Gäste in ein Fischlokal in Beverly Hills umzudirigieren.

Etwa drei Wochen später hat Roger seinen Superfisch wiedergesehen. Da war er in der Zwischenzeit von New York über Las Vegas nach Los Angeles gereist. Seine Schönheit und Größe hatten dabei sehr gelitten. Er war zu einem unansehnlichen Fischlein geschrumpft und taugte weder zum Essen noch als Trophäe. Aber er war weit gereist, quer über den amerikanischen Kontinent. Und er ist sicher der einzige fliegende Fisch, der je auf der Flying-M-Ranch gefangen wurde.

Günter Kozeny

Eins mit dem Wind

Sehnsucht nach Weite ...

Ein uralter Menschheitstraum wird hier geträumt: der Traum vom Fliegen. Dieser atemberaubend schöne Bildband lässt sie mit im Ballonkorb stehen. Sie spüren die Wärme des Feuerstrahls, der in die Ballonhülle schießt und für Auftrieb sorgt, und fühlen das Kribbeln im Bauch, wenn der Ballon endlich abhebt – und eins wird mit dem Wind.

Herbig

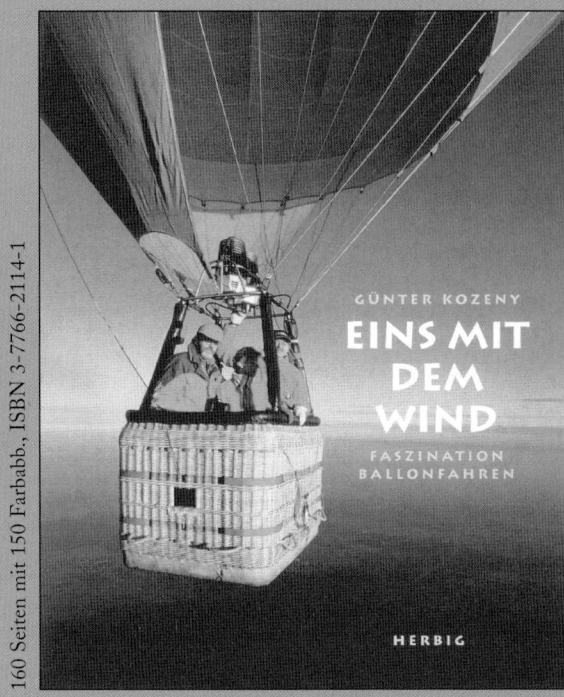

160 Seiten mit 150 Farbabb., ISBN 3-7766-2114-1

144

Friedrich Schmidt

Ultraleicht fliegen

Das Standardlehrbuch für Ultraleichtpiloten

Als das Ultraleichtfliegen 1982 in Deutschland erlaubt wurde, war es ein exotischer Nischensport. Seitdem hat die Entwicklung rasante Fortschritte gemacht. Auch die Pilotenausbildung musste sich den gesteigerten Anforderungen anpassen. Dieses Buch basiert auf dem offiziellen Lehrplan, der vom Deutschen Ultraleicht Verband (DULV) und vom Deutschen Aeroclub(DaeC) für die Prüfungen zugrundegelegt wird.

nymphenburger

192 Seiten mit 148 Abb., ISBN 3-485-00790-0